Хантыйские сказки

한티인 이야기

<지식을만드는지식 소설선집>은
인류의 유산으로 남을 만한 작품만을 선정합니다.
오랜 시간 그 작품을 연구한 전문가가
정확한 번역, 전문적인 해설, 풍부한 작가 소개, 친절한 주석을 제공하는
고급 소설 선집입니다.

지식을만드는지식 소설선집

시베리아 설화집

Хантыйские сказки

한티인 이야기

작자 미상

안동진 옮김

대한민국, 서울, 지식을만드는지식, 2019

편집자 일러두기

- 이 책은 ≪Сказки народа Ханты≫(Фомин Н. VHB, Москва, 2006)를 원전으로 옮긴이가 가려 뽑아 번역했습니다.
- 주석은 모두 옮긴이가 단 것입니다.
- 외래어 표기는 현행 한글어문규정의 외래어표기법을 따랐습니다.

차 례

한티인 이야기

세계 창조

땅도 물도 없었고 눔[1] 토룸[2]만이 존재했다. 토룸에게는 궁중에 집이 있었다. 문에서 세 아르신[3] 거리에 널빤지가 놓여 있었고 토룸은 집을 나설 때 이 널빤지 위로만 다녔다. 그는 꿀과 수르[4]만 먹고 마셨다. 밤낮으로 집에 있었고 하루에 한두 번 산책하러 나갔다. 산책에서 돌아오면 깃털 요에 앉아서 생각에 잠겼다.

어느 날 그가 생각하고 있는데 식탁 위로 물방울이 똑 떨어졌다. 물방울은 식탁에서 또르르 굴러서 마룻바닥에 떨어졌고, 거기서 갓난아이가 나왔다. 예비[5]였다. 어린 소녀는 문을 열고 다른 방으로 들어갔다. 소녀가 이 방에서 어디서

---

1) 눔, 누미는 '상층, 상부, 위'라는 뜻이고, 최고의 존재라는 말이다.

2) 토룸, 토롬, 투림, 토렘은 다의미적 용어로, 한티 만시족 신화에 나오는 천신, 하늘, 우주, 지방, 날씨, 시대 등을 뜻한다.

3) 1아르신은 71.12센티미터다.

4) 수르는 맥주의 일종이다.

5) 예비는 '소녀, 아가씨'라는 말이다. 어쩌면 성경의 이름 예바(이브)와 이 한티 단어가 비슷하기 때문에 여기서 눔 토룸의 아내를 이렇게 부른 것일 수도 있다.

난 것인지 모르는 원피스를 입고 눔에게 갔을 때 그는 그녀의 목에 달려들어 키스를 하고 말했다.

"너와 함께 영원히 살겠노라."

그들은 얼마 동안 살았다. 아들이 태어났다. 아들은 매우 빨리 자랐다. 왜냐하면 그런 사람들은 빨리 자라기 때문이다. 아들은 어느 날 문 앞 널빤지 위에 산책하러 나갔다. 아버지와 어머니는 아들에게 말했다.

"멀리 가지 말거라. 이 널빤지에서 떨어질 수도 있으니까."

아들은 떨어지지 않을 것이라고 말하며 부모님을 안심시켰다. 갑자기 위에서 종이[6]가 곧바로 눔의 아들에게 내려와서 오른손 손바닥에 달라붙었다. 종이는 그와 함께 위로 올라갔고 그는 어떤 할아버지한테 가게 되었다. 할아버지가 물었다.

"네가 내게 왔느냐?"

"네, 제가 왔습니다."

---

6) 옵스크 우그르(오비강 유역에 거주하던 우그르족으로 주로 한티족과 만시족을 의미한다) 제사 장르에서는 문서로 지시를 내리는 신들이 자주 언급된다. 러시아 황제가 문서로 명령을 내린 것에 대한 관념이 이렇게 굴절된 것으로 볼 수 있다.

"어떻게 살고 있느냐?"

"그럭저럭 살고 있습니다."

할아버지는 그에게 물었다.

"집 말고 네가 사는 저 밑은 넓으냐? 좁으냐?"

그는 할아버지에게 대답했다.

"아무것도 모릅니다. 넓은지 좁은지 모릅니다."

"물이나 흙은 있느냐?"

"아무것도 모릅니다. 밑을 보면 사방이 넓지만, 물도 흙도 보이지 않습니다."

그때 할아버지는 그의 손에 땅과 그가 함께 위로 올라왔던 종이를 주었고 그를 다시 눔 토룸의 집으로 내려보내면서 작별 인사를 했다.

"밑으로 내려가거든 문 앞의 널빤지에서 아래로 뛰어내려라."

그가 내려가자 흙이 온통 아래로 쏟아졌다. 그는 황금으로 지어진 집에 도착했다. 아버지와 어머니가 그토록 오랫동안 어디 갔다 왔는지 물었다. 그는 널빤지 위에 가서 놀다 왔다고 대답했다. 다음 날 할아버지가 직접 눔 토룸의 황금 집에 내려왔다. 음식과 차를 대접했다. 할아버지는 소년에게 물었다.

"누가 더 큰지 아느냐? 아들이냐 아버지냐?"

그는 할아버지에게 아버지 신이 아들보다 더 높다고 대답했다. 아버지와 어머니는 유일신이 있는지 논쟁하기 시작했다. 할아버지가 그들에게 대답했다.

"당신들은 지혜가 없구려. 아들이 당신들보다 더 지혜롭소."

그런 다음 할아버지는 사라졌다. 다음 날 소년은 또다시 그 널빤지로 나와서 밑을 바라보았다. 땅은 보였지만 숲은 없었다. 그는 부모님께 달려가서 땅을 보았다고 말하면서 자신을 밑에 내려보내 달라고 부탁하기 시작했다. 부모는 그를 황금 요람에 태워서 밧줄에 매달아 밑으로 내려보냈다. 밑으로 내려온 그가 요람에서 오른 다리를 땅에 내놓자 다리가 마치 늪에 빠진 것처럼 가라앉기 시작했다. 아버지는 도로 그를 들어 올렸다. 소년은 내려갔더니 땅이 물컹거렸다고 말했다. 어머니가 말했다.

"그래 좋다, 아들아. 내일은 함께 내려가 보자. 직접 봐야겠구나."

다음 날 이른 아침에 소년은 어머니와 요람을 타고 내려갔다. 둘이 밑으로 내려갔다. 어머니는 실제로 흙은 없고 질척한 늪만 있는 것을 보게 되었다. 어머니는 처음에는 발로 섰다가 나중에는 기우뚱하게 기울어져서 손으로 허우적거리며 매달려야 했다. 그러더니 어머니는 가라앉아서 이내 완전히 사라져 버렸다. 소년은 혼자 남아서 울기 시작했다. 결국 소년은 밧줄을 당겼고 아버지가 그를 끌어 올려 물었다.

"왜 울고 있어? 어머니는 어딨니?"

"어머니는 늪에 빠졌어요."

아버지는 그를 위로하면서 말했다.

"이르든 늦든, 어쨌든 모두가 죽는단다."

그러나 곧 어머니가 웃으면서 방에서 나와 아들에게 말했다.

"어째서 울고 있니? 세계가 땅 위에 나타나게 되는 때도 어쨌든 아이들은 부모님이 죽으면 눈물을 흘리게 된단다. 곧 나무와 풀이 땅 위에 나타나게 될 거고 그다음엔 어디나 사람들이 태어나게 될 거란다."

다음 날 아침에 소년을 또다시 땅 위로 내려보냈다. 그는 요람에서 나와서 땅을 뛰어갔다. 늪은 없어졌고 땅은 단단해져 있었다. 소년은 흙으로 여자와 남자를 만들었다. 그가 후 하고 입김을 불자 그들은 소생했다. 그런 다음 토룸은 호로딸기와 빨간 딸기나무를 만들었다. 그리고 늙 토룸은 사람들에게 말했다.

"여기 호로딸기와 빨간 딸기가 있으니 드십시오."

그런 다음 토룸은 그들에게 말했다.

“내가 당신들한테서 떠나면 쿨[7]이 와서 당신들을 유혹할 것입니다. 내가 직접 올 때까지 그를 믿지 마세요. 내가 직접 오면 다르게 말할 것입니다.”

그는 밧줄을 흔들었고 위로 들려 올라갔다. 쿨은 새로이 창조된 사람들에게 와서 물어보기 시작했다.

“뭐라고요? 토룸이 당신들에게 호로딸기와 빨간 딸기를 먹으라고 했다고요?”

그리고 그는 그들에게 버찌 한 줌을 주면서 말했다.

“당신들은 호로딸기와 빨간 딸기를 먹지만 배부름이 없소. 하지만 여기 버찌 한 줌을 먹으면 평생 배부르게 될 것이오.”

사람들은 먹으려고 하지 않았지만 쿨은 그들을 설득했다. 사람들은 버찌를 먹었고 배가 부르다고 생각했다. 쿨은 사라졌다. 사람들은 버찌를 계속 먹었다. 토룸이 땅에 도착해서 사람들에게 무엇을 먹고 있는지 물었다. 그들은 버찌를 보여 주었다.

“왜 쿨의 말을 들었습니까? 그는 당신들을 유혹한 거예

---

7) 쿨(Куль)은 첫 번째는 악한 귀신이자, 아래 세계의 통치자를 가리키며, 킨 룬크 페흐트 이키, 홀 오티르라고도 한다. 두 번째로는 욕을 뜻한다.

요!"

토룸은 팔로 그들을 잡아 흔들었고 사람들은 사방에 정신을 잃고 쓰러졌다. 토룸은 그들에게 입김을 불었고 그들은 소생했다. 그런 다음 그는 사람들에게 말했다.

"내가 당신들을 되살렸소. 쿨이 다시 와서 당신들을 유혹할 것이니 보시오. 당신들은 그의 말을 듣지 말고 내가 전에 당신들에게 먹으라고 했던 호로딸기와 빨간 딸기를 먹으시오."

그런 다음 그는 토끼를 창조하고 말했다.

"이것은 먹을 수 있소."

그런 다음 그들에게 산딸기도 먹어도 된다고 말했다.

그리고 그는 사람들에게 작별 인사로 이렇게 말했다.

"잘 보시오. 쿨의 유혹에 빠지지 마시오. 당신들은 이미 죽은 자들이었소. 쿨의 유혹에 넘어갔기 때문이라고 믿으시오. 이제 나는 당신들을 또다시 여기에 남겨 두지만 쿨이 당신들을 유혹하더라도 내가 올 때까지 그의 말을 듣지 마시오."

그리고 그는 사람들에게 세 가지 나무, 즉 소나무, 활엽수, 자작나무를 보여 주었다. 토룸이 떠난 후에 쿨이 나타나서 물었다.

"왜 이 산딸기를 먹고 있습니까? 배부르지도 않은데요.

여기 커다란 잣나무가 있고 거기 잣송이가 있습니다. 이 잣송이를 가져가면 잣이 한 움큼 나올 것이고 당신들은 배부르게 될 것입니다."

이 잣송이를 먹게 되자 사람들은 자신들이 벌거벗었다는 것을 알게 되었고 서로서로를 부끄러워하게 되었다. 그런 다음 서로를 유혹해 죄를 범하게 되었다. 이후에 그들은 풀 속에 숨었다. 토룸이 와서 그들을 불렀을 때 그들은 겨우 들릴락 말락 하게 대답했다.

"왜 당신들은 숨어 있는 거요?"

그가 사람들에게 다가갔을 때 두 사람은 땅바닥에 앉아서 다리로 일어설 수가 없었다. 그래서 토룸은 그들에게 말했다.

"내가 당신들을 위해서 사슴, 양, 토끼, 암소, 말을 창조했소. 그들의 가죽을 입으시오. 내가 당신들에게 먹어서는 안 된다는 것을 말했지만 당신들은 듣지 않아서 이제 땅 위에 남아야만 하오."

토룸은 그들에게 불도, 솥도 남겨 두지 않았고 단지 생고기만을 남겨 두고 자신은 하늘 위로 떠났다. 얼마가 지난 후 토룸이 하늘에서 밑을 보니 땅 위에 셀 수 없이 많은 사람들이 있었다. 그들에게는 땅이 좁아졌고 서로서로 싸우기 시작했다. 토룸은 생각했다. '이로 인해 무슨 일이 벌어질까?

그들이 얼어 죽도록 겨울을 줘야겠어.' 그래서 사람들은 추위로 얼어 죽기 시작했다. 그런 다음 토룸은 왜 그렇게 사람들이 적게 남았는지 깊이 생각하게 되었다. 그는 또다시 땅으로 내려갔다.

그는 땅을 돌아다니며 생각했다. 돌을 발견했다. 돌에 손을 얹었더니 불이 나왔다. 그 옆에 작은 돌이 놓여 있었다. 토룸이 작은 돌을 집어 큰 돌을 때렸더니 커다란 돌이 산산이 부서지며 불 여자가 나왔다. 이 돌에서 어디로 향하는지 모르지만 매우 넓은 길이 나왔다. 토룸은 또다시 돌멩이를 집어 부딪쳤더니 불이 나왔다. 토룸은 자작나무 껍질로 심지를 만들었고 나무를 베어 장작을 패서 불을 지폈다. 그가 불을 지피자 사람들이 모여들었고 불 옆에서 몸을 데우기 시작했다.

그런 다음 그는 사람들이 끓인 죽[8] 없이는 살 수 없다는 것을 생각하게 되었다. 그는 솥을 만들었다(쇠로 만들었는지, 돌로 만들었는지는 알 수 없다). 그리고 이 솥에 물을 붓고 솥을 막대기에 걸어 가축을 죽였다(암소인지, 양인지는 알 수 없다). 모든 것이 끓었을 때 토룸은 직접 앉아서 맛을

---

8) 죽(каша)은 주로 밀이나 메밀, 귀리 등을 물과 함께 끓인 것으로 우리나라 죽과 비슷하다.

보았다. 음식이 맛있다고 여겨졌다. 그는 살아남은 나머지 사람들을 먹이고 그들에게 말했다.

"내가 당신들에게 어떻게 끓이는지 예를 보여 주었소. 여기 불이 있고, 여기 물이 있소. 내가 했던 것처럼 당신들도 그렇게 하시오. 추워지거든 불을 피워 몸을 녹이시오. 무엇을 얻든지 어디서 났든지 이렇게 끓이고 구우시오. 내가 알려 주었던 그 음식을 먹으시오."

그런 다음 그는 그들에게 어떻게 올가미로 새를 잡고 투망으로 물고기를 잡는지, 그물은 어떻게 치는지, 어떻게 어망을 만들고 갖가지 수공업을 하는지 알려 주었다. 그런 다음 사람들에게 말했다.

"더 이상 나는 당신들에게 오지 않을 것이오. 그렇게 살아가시오."[9)]

토룸은 위로 올라가서 얼마간의 시간이 흐르자 또다시 아래 땅을 바라보았다. 사람들이 번성했고 모두가 노동을 하고 있는 것이 보였다. 토룸은 생각했다. '사람들이 너무 많아져서 악마가 유혹했겠군.' 토룸은 쿨을 불러서 말했다.

"너는 내 허락 없이는 아무도 건드리지 말고, 말하기 전

---

9) 신화에서 토룸은 창조자의 역할을 하지만 세계 창조 이후에는 사람들의 일에 간섭하지 않는다.

까지는 유혹하지 마라. 내가 늙은이든 젊은이든 가리키며 말하거든 그를 가져가라.[10] 사람들의 절반을 네가 가져가도 절반은 내게 남게 될 것이다."

10) '그를 가져가라'는 것은 죽어야 할 사람을 말하는 것이다.

도요새가 대지를 얻은 이야기

한티족 사람들은 모든 짐승들을 죽이지만 도요새는 죽이지 않는다. 도요새는 홍수가 있었을 때 대지를 위로 들어 올렸다. 한티 만시에는 일곱 언덕이 있는데, 이것들 모두를 도요새가 들어 올렸다. 체크 나이[11]가 있은 후에 대지가 없어졌다. 콘 이키 파흐[12]는 사냥할 곳이 없어지자 생각하고 또 생각했다. 도요새를 보내면서 말했다.

"사냥하게 조그만 대지라도 얻을 수 있다면."

도요새가 잠수했다가 물속에서 떠올랐으나 대지는 없었다. 두 번째도 역시 대지 없이 물 밖으로 떠올랐다. 세 번째는 대지와 함께 떠올랐다. 콘 이키 파흐는 거기서 사냥했다.

---

11) 체크 나이는 '재앙의 불'이다.

12) 동(東)한티족에게 콘 이키 또는 토룸 파흐라는 이름은 가장 유명한 영혼 즉 황금 용사(만시족은 미르 수스네 훔)로 알려진 사람이다. 여기서 그는 땅을 떠받도록 도요새를 잠수하러 보내서 땅이 드러나도록 한 사람이다.

악마와 신

악마가 신에게 와서 말했다.

"내가 달라고 부탁하는 것을 제게 주세요."

신이 말했다.

"나한테 있는 것이냐?"

악마가 말했다.

"네."

신이 말했다.

"그럼 좋다. 주마."

악마가 말했다.

"제게 해와 달을 주세요."

신은 악마에게 해와 달을 주었다. 악마는 어둠 속에서 사람들을 잡아먹기 시작했다. 그렇게 쉽게 나쁜 짓을 하고 강도질을 하기 시작했다. 아들이 신에게 가서 말했다.

"괜히 해와 달을 내주었어요. 가서 도로 뺏어 오세요."

신이 말했다.

"이미 내주었는데 이제는 그렇게 하기가 체면이 좀 안 서는구나."

아들이 말했다.

"이제 아버지는 그와 친구가 되었는데 무슨 체면이 안 서요?"

"어떻게 가져올까?"

아들이 말했다.

"예전에 악마는 해와 달 없이 살았으니 그림자가 무엇인지 알지 못해요. 그에게 그림자를 달라고 하세요. 만약 주지 않으면 아버지가 해와 달을 뺏어 오세요."

신은 악마에게 가서 말했다.

"내가 너한테 달라고 하는 것을 내게 주어라."

"나한테 있는 건가요?"

"그렇단다."

그렇게 둘은 앉아서 있었다. 신은 그림자를 가리키면서 말했다.

"내게 바로 이것을 달라."

악마는 그림자를 잡으려고 했지만 잡을 수가 없었다. 그러자 신이 해와 달을 빼앗았고 또다시 밝아졌다.

황금빛 머리칼의 황제

옛날 얄 넬탄 이갈 강가에 황금빛 머리칼의 오스탸크[13] 황제 사르냔크 압타프 카이타흐[14] 칸이 살았다. 그는 힘센 용사 마투르[15]였고 딱딱한 얼음 위를 사슴보다 더 빨리 달렸다. 그의 화살은 단단한 나무로 만들었고 그의 화살은 은으로 만들었다. 그는 독수리 깃이 달린 화살을 먹구름보다 더 위로 쏘아 올렸다. 화살을 아래로 당기면 회오리가 피어올랐고 나무들이 풀처럼 휘었고 바다에서는 높은 파도가 일었다.

멀고 먼 지방, 먼 바다 너머에서 큰물이 나서 군대가 찾아왔다. 군대는 그를 두려워했다. 만약 그 옆으로 화살이 빗겨 간다면 모두에게 끝이다. 그런 때가 되었다. 군대가 가까이 와서 무기를 던져 버리고 이렇게 말했다.

"우리는 아무것도 없이, 무기도 없이 당신께 옵니다. 원

---

13) 오스탸크는 한티족의 옛 이름이다.

14) 구전 문학을 옮기면서 원전에서도 카이타흐 칸, 칸다흐 칸, 칸타흐 칸 등 표기를 달리한다.

15) 마투르는 오투르와 같은 말로 용사를 뜻한다.

하는 대로 하십시오. 화해합시다."

그가 말했다.

"당신들이 평화를 가지고 왔다면 무엇을 하겠습니까? 화해합시다!"

그들은 7일을 보호받았고, 군대는 더 이상 싸우지 않겠다고 맹세했다. 그런데 그들이 보호받고 있을 때 용사의 아내 칸 네 황후가 그 군대의 용사를 한 번 보러 갔고, 두 번 보러 갔으며 수놓은 윗도리를 입고 담비 털외투를 입고 여전히 그를 바라보았다. 그 군대의 용사가 황후에게 남편을 죽이라고 부추겼다. 군대의 맹세를 들은 사르냐크 압타프 칸다흐 칸은 강에서 북쪽 활엽수림으로 떠났다. 그가 자려고 눕자 황후도 함께 누웠다. 그리고 말했다.

"무거운 갑옷을 벗으세요, 철갑옷을 벗으세요."

그는 순순히 그 말을 따라서 갑옷을 벗고 잠이 들었다. 황후는 그의 날카로운 칼을 가지고 활 가운데를 잘라 버리고는 자작나무 껍질로 감아 활을 잇대어 활이 잘렸음을 숨긴 다음, 그 활을 자고 있는 남편 옆에 두었다. 그녀는 마른 여자였다. 갑자기 황제가 잠에서 깨서 들으니 군대가 그에게 오고 있었고 이미 가까이에 와 있었다. 황제는 벌떡 일어나서 단단한 나무로 만든 활을 붙잡았고 은으로 된 활을 붙잡았다. 화살을 쏘려고 활을 당겼지만 활은 두 동강이 나 있었다. 황제는 화를 냈고 활을 군대에 던지고는 수많은 사람들을 죽였다. 갑옷을 입고 싶었지만 이때 그의 옆구리에 커다란 돛대 같은 창이 들어왔다. 황제는 창 손잡이를 부러뜨렸고 갑옷을 입고 뛰어나갔다.

활엽수림을 오랫동안 뛰어갔다. 길이 계속되는 한 뛰어갔다. 도망치다 도망치다가 오르토 벨렘 파이(죽은 카자흐 귀족들) 섬이 있는 곳에서 넘어졌다. 일어서서 통나무 토막에 앉아 갑옷을 벗으려고 했지만 벗을 수가 없었다. 군대가 뒤따라 다가왔다. 그는 그들에게 말했다.

"더 가까이 와서 내 갑옷 좀 벗겨 주시오."

그들은 다가오지 않았다. 그때 그는 마지막 힘을 다해 갑옷을 벗어서 땅바닥에 던졌다. 그러자 갑옷은 땅속 깊숙이 들어갔다. 황제는 갑옷을 던지고 쓰러졌다. 그러자 군대가 그의 황금빛 머리칼이 달린 머리를 잘라서 바다 건너 멀리, 다른 순백의 황제 나기 칸에게 가져갔다. 나기 칸이 황금빛 머리칼이 달린 머리를 보더니 격노해서 무기를 절그렁거리면서 말했다.

"나의 군대여, 왜 그를 죽였는가? 산 채로 붙잡아서 나에게 데려왔으면 더 좋았을 것을. 오스탸크 황제, 황금빛 머리칼의 오스탸크 황제 사르냐크 압타프 칸타흐 칸을 죽였구나!"

그리고 황제는 그 군대를 사형에 처하라고 명령했고 그 장소에서는 더 이상 싸우지 않겠다고 맹세했다. 그래서 이 강은 얄 넬탄 이갈, 즉 '군대가 맹세한 강'이라고 불렸다.

선조 용사 이야기

여기에는 은발의 용사가 있었고 알렉산드롭스코예[16]에도 있었다. 여기서 멀지 않은 곳에서 그들은 싸웠다. 은발의 용사가 집에 배를 타고 갔을 때 아내는 그를 맞이하러 걸어 나왔다. 무릎까지 물에 빠졌다. 그들은 크리보루츠코예[17]에서 멀지 않은 지류에서 싸웠다.

이전에 용사들은 많았지만 지금은 볼 수가 없었다. 은발의 용사는 알렉산드롭스코예에 살았다. 그의 아내는 그를 너무나 기다렸기에 그를 맞이하러 나왔는데 허리까지 물에 빠지도록 나왔다. 은발 용사는 다른 용사와 싸웠다. 다른 용사는 자고 있는 그를 매복하여 기다렸다가 머리 가죽을 벗겼다. 그러자 그는 개 가죽을 머리에 잡아당겨 붙이고 다른 용사에게 약속했다.

"3년 후에 찾아오겠다!"

오룬크 오티르[18]는 은발 용사의 이름이고 다른 용사는

---

16) 오브강 중류의 마을이다.

17) 바흐강 하구 오브강 유역의 마을이다.

18) 오티르는 용사를 말한다.

푸키였다. 은발 용사는 그를 찾으러 나갔다. 그들은 트로예고롯스코예[19] 근처 나뭇조각이 둥둥 떠 있는 막 옆에 살았다. 오룬크 오티르는 나뭇조각을 보았고 여기에 그들이 살고 있다고 짐작했다.[20] 가서 보니 그들은 오룬크 오티르의 가죽을 가지고 장난을 치고 놀다가 막대기 위에 팽팽하게 당겨 놓았다. 오룬크 오티르를 보더니 다른 용사가 말했다.

"아직 3년이 지나지 않았다."

오룬크 오티르는 이렇게 말했다.

"아니다. 시간은 지났다."

그리고 그를 죽였다. 푸키에게는 아들이 있었다. 당시에는 날랜 사람이었다. 아들은 오룬크 오티르가 지나가지 못하도록 길을 지키고 있었다. 오룬크 오티르는 아들을 보고 화살을 쏘았지만 소년은 구름 속으로 들어가듯이 사라져 버렸고 화살은 옆으로 날아갔다. 오리 또는 야생 오리가 날아가듯이 지나갔다.

예전에 그들은 철을 어디선가 가져왔다. 그들 손에 있는 철 장검은 절대로 부러뜨릴 수가 없었다. 면도에는 적당하

---

19) 오브강 중류의 옛 거주지다.

20) 강은 고기잡이를 위해 막이 쳐져 있었고, 마을에서 떠내려 온 나뭇조각으로 용사는 거기에 사람들이 산다는 것을 짐작했다.

지 않았고 가져가지 않았다.

사모예드족[21]과 싸웠다. 그들은 모든 아낙네들을 납치해 갔다. 알렉산드롭스코예에서 라리야크[22]로 길이 나 있었고 그들은 사슴처럼 그 길을 지나갔다. 예르간은 사모예드족이다.

용사들은 여기 폴루덴니와 알렉산드롭스코예에 있었다. 이전에 크리볼루츠코예가 있었던 곳에는 깨끗한 장소가 있었다. 바다도 있었는데 그다음에 숲이 무성해졌고 용사들을 지탱할 수가 없어지기 시작했다. 그들은 매우 무거웠다.

페가야 한국[23]은 숲의 민족이었다. 본트 룬크[24]라고 불렀다. 숲에서 살았고 여자들은 그들에게 시집갔다. 아름다운 민족이었고 악마처럼 그들은 컸다.

예르간이 바흐강에서 도착했다. 우리의 용사들은 활을 서로 쏘았다. 화살은 단검처럼 양끝이 뾰족했다. 빨리 쏘았

---

21) 사모예드(самоéд)족은 네네츠, 예네츠, 느가산, 셀쿠프 등의 러시아 소수민족들을 부르는 명칭이다. 여기서는 셀쿠프족을 일컬으며 이들은 한티족과 자주 싸움을 벌였다.

22) 바흐강 유역의 마을이다.

23) 사료에서는 셀쿠프가 살았던 나란스키 지역 영토에 있던 공국을 그렇게 불렀다. 화자는 다른 해석을 제공하고 있다.

24) 본 윤크, 본트 룬크, 보르 룬크는 숲의 정령이다.

고 화살은 오리를 따라잡았다. 화살은 몸통을 관통했다. 용사들에게는 어떤 외투가 있어서 화살이 통과하지 못했고 모자도 있어서 화살이 튕겨나갔다. 예르간이 찾아와서 우리는 땅 밑의 동굴에서 살았다. 호두를 먹었고 그 사람들은 물이 똑똑 떨어진다고 생각했다. 아이들도 너무나 조용해서 그들의 목소리가 들리지 않았다. 나는 곳곳에서 그런 토굴을 보았고 어디에나 있었다.

용사와 연락병

용사에게는 연락병이 있었다. 바슈간 중류에는 비옌 안칼라 페이[25]라는 곳이 있었다. 뉴롤카강[26]의 츠보로비에[27] 위쪽에는 용사가 살았고 그곳은 방비가 잘 되어 있었다. 용사에게는 아름다운 아내가 있었는데 옵스크 아스 야흐[28]족이 도착해서 그녀를 납치했다. 용사는 잠수했다가 뉴롤카강의 다른 편 물속에서 올라왔다. 그는 농부 옷을 입고 있었고 강변에서 그의 옷자락이 열어젖혀졌다. 옵스크족은 그에게 화살을 쏘았다. 그는 농부 옷의 옷자락으로 화살들을 흔들어서 떨쳐 냈다. 아내에게는 바지와 사슴 가죽으로 만든 가방이 있었다. 아내는 가방을 물에 띄웠다. 아내는 가방에 숨었고 사람들이 가방을 물에 띄웠다. 그 사람들은 가방을 집

---

25) 비옌 안칼라 페이는 '히트로우 안칼랴 곶'이다. 안칼랴는 안갈리라는 성을 가지는 바슈간 한티족(바슈간강에 거주하는 한티족)의 선조다.

26) 바슈간강의 오른쪽 지류다.

27) 뉴롤카강의 거주 지역이다.

28) 아스 야흐는 옵스크 한티족(오비강 유역에 거주하는 한티족)을 말한다.

어 올렸고 아내는 가방에 있던 나무토막으로 길을 알려 주었다.[29] 옵스크족 용사는 이 용사의 아내에게 말했다.

"머리카락 속에 무엇이 있는지 찾아라!"

그녀의 머리카락을 무릎 위에 늘어뜨리고 말했다.

"모자를 벗어라!"

그녀는 가지가 꺾이는 소리를 들었다. 그는 모자를 벗었고, 쫓아온 용사가 그를 활로 죽였다. 한 용사를 남겨 두고는 이렇게 말했다.

"더 이상 여기에 오지 마시오."

그의 아들은 아직 걷지 못했고, 그의 아내를 죽였다. 그 사람이 비옌 안칼라 페이였다. 또다시 아스 야흐들이 도착했다. 그들은 말했다.

"명중했다!"

"잠깐 기다리시오!"

체르키[30] 한 짝을 신고 말했다.

"나는 열 명의 사내들을 무장시켰소!"

---

29) 여자들은 가방 속에 아이 요람을 받치기 위한 나무토막을 보관했다. 갑자기 납치된 용사의 아내는 자신을 어디로 데려가는지를 남편에게 알려 주기 위해서 그 나무토막들을 물에 던졌다.

30) 목이 짧은 신발을 말한다.

체르키 다른 한 짝을 신었다.

"나는 열 명을 더 무장시켰소!"

그의 난로 밑에는 출구가 있었고 그는 기어 나와서 도망쳤다. 용사들을 불렀다. 그들의 대장 용사는 알비 펠라에 살고 있었고 그의 비엔 안칼라는 연락병이었다. 연락병은 점심 전에 이미 되돌아왔다. 이 사람들은 오두막에 앉아서 기다렸다. 화해증서를 만들었다. 포도주가 없었고 독버섯을 먹었는데 안칼라는 먹지 않았다. 모두가 잠들었다. 그는 단검을 모두에게 대면서 말했다.

"화해증서가 아니었다면 모두를 죽여 버렸을 텐데. 나는 모두를 속였다!"

용사들의 전투

뉴롤 민족의 용사가 칼가나크[31]로 가서 그들의 마을을 포위했다. 칼가나크 용사는 바슈간강을 따라 위로 올라가서 카탈카[32]에 도착했고 잠자리에 들었다. 뉴롤의 용사는 카탈카를 포위하고는 말했다.

"땅이 흔들릴 정도로 코를 고네."

칼가나크 용사는 잠에서 깨어 체르키와 스키를 신고 산을 타고 내려왔다. 야르 콜륨 파이가 만들어졌다. 바슈간강을 따라 바슈간강의 상류에 살고 있던 형에게 갔다. 아이폴로보[33] 밑에서는 또다시 뉴롤 용사가 칼가나크 용사를 뒤쫓아 갔다. 칼가나크 용사는 볼코보[34]에 이르러서 숙박하려고 머물렀지만 뉴롤 용사는 또다시 그의 배가 불룩해지도록 뒤쫓아 왔고 그가 떠난 후에 월귤나무산 울롬 이골이 형성되었다. 슬롭초프 야르로 도망쳤고 그곳에서는 봄이 그를 맞

31) 칼가나크는 바슈간강 유역의 거주 지역이다.

32) 바슈간강 유역의 오른쪽 지류와 그 주변의 거주 지역을 말한다.

33) 바슈간강 유역의 거주 지역이다.

34) 바슈간강 유역의 거주 지역이다.

이했다. 그는 나무로 쪽배를 만들고 둔덕에 앉아 쉬었다. 이때 그의 형 용사가 바슈간의 상류, 이베흐 푸골에서 도착했다. 그와 함께 칼가나크 용사의 누이도 왔다. 누이는 칼을 휘둘러 둔덕을 때렸고 바슈간은 거기서 산들 사이에서 흐르기 시작했다. 슬롭초프 야르의 끝에서 뉴롤 용사가 죽었는데 칼가나크 용사가 형의 도움으로 그를 쓰러뜨린 것이었다.

추가스 가족

친갈라 마을 근처에 추가스산이 있었다. 두 개의 추가스는 예전에 이르티시의 맞은편 강변과 연결되어 있었다. 산에는 추가스라는 이름의 한티족 가족이 살고 있었는데 노부부와 세 아들이었다. 노인들은 천연두와 괴혈병으로 죽었다.

장남은 산의 정상에 살았고 둘째는 중턱에 셋째는 밑에 살았다. 유산으로 그들에게는 도끼가 남겨져 있었다. 그들은 함정, 덫, 화살 등으로 짐승을 잡았다. 세 형제 모두 무기를 잘 다루었다. 둘째 형이 도끼가 필요하다고 하자, 장남이 도끼를 던졌는데, 도끼가 떨어져 산을 갈라놓게 되었다. 거기서 갑자기 강이 나타났고 물길이 골짜기를 씻어서 볼쇼이[35] 추가스가 나타났다. 그런 다음 말리[36] 추가스가 생겨났다. 형제들의 후손들은 대륙의 봉우리에 살았고 그다음에는 스레드니[37] 추가스에서도 살았다.

---

35) '커다란'이란 뜻이다.

36) '작은'이란 뜻이다.

37) '가운데, 중앙'이란 뜻이다.

파스테르족의 발생

남쪽에서 먼지 가까운지 누가 알겠는가마는, 오브강이 시작되는 그곳에 언젠가 파스테르[38]족의 조상들이 살았다. 어쩌면 지금도 거기에 살고 있을 것이다. 어느 날 그들 중 두 명이 사냥을 나섰다. 사냥에서 그들은 갑자기 아름다운 들짐승, 사슴과 맞닥뜨렸다. 그들은 사슴을 뒤쫓기 시작했다. 첫 번째 사람 파스테르에게는 날개가 있었다. 그는 공중에서 짐승을 뒤쫓았다. 두 번째 사람에게는 다리밖에 없어서 땅에서 사슴을 뒤쫓았다. 비록 그가 새처럼 빨리 달렸다지만 그래도 여전히 그는 사슴과 날개 있는 파스테르 사람보다 뒤처졌다. 너무나 뒤처져서 이미 둘 다 보이지 않았고 그들은 너무 멀리 그를 앞질렀다! 도망쳐 버렸다면 도망치게 내버려두고 이 시간에 다른 사람, 즉 날개 달린 사람이 무엇을 했는지 보자.

날개 달린 사람은 계속해서 아름다운 사슴을 뒤쫓아 갔다. 얼마 동안 뒤쫓아서 결국 따라잡았다. 파스테르는 화살로 사슴을 맞혔고 사슴은 죽은 듯이 쓰러졌다. 그러나 이 사

38) 오브강 하류 한티족의 한 부족이고 랴핀강의 만시족이다.

람도 기운이 다 빠졌다.

"아휴, 너무 피곤하군."

그렇게 말하며 사슴과 함께 땅바닥에 앉았다. 앉아 있는 동안 주위를 둘러보기 시작했다.

'고향 땅을 저 멀리에 남겨 두었구나. 이 땅은 무슨 땅이지? 알지도 못하겠군! 이 사슴을 며칠 동안이나 뒤쫓았는지 누가 알겠으며 누가 세 보았겠는가! 만약 사슴을 죽였다 해도 집으로 가는 길이 너무나 멀어서 결코 사슴을 집으로 가져갈 수 없을 것이다.' 그는 속으로 생각하고 일어나 사슴의 가죽을 벗겼고 등 비계를 잘라서 자기 장화 목에 쑤셔 넣었다. 그런 다음 고기는 나뭇가지로 덮고 위에는 바구니를 엎어 놓았다. 그러고는 왔던 곳으로 출발했다. 날아가면서 한쪽 날개를 눈 위에 내려놓으면서 조금 날아갔고 그런 후 또 한 번 날개로 눈에 표시를 해 놓았다.

얼마 동안 날아가다가 갑자기 그는 다른 사람, 즉 달려갔던 파스테르인과 마주쳤다. 그는 여전히 사슴을 쫓고 있었다.

"사슴을 죽였니, 아니면 놓아주었니?"

걸어가던 사람이 날개 있는 사람에게 물었다.

"죽이기는 죽였는데, 여기서 너무 멀어서 고기를 거기 두고 왔어. 지금 나는 집으로 날아갈 테니 만약 사슴 고기가 필요하면 가서 가져가."

날개 있는 사람은 걷는 사람에게 대답했다.

그는 장화 목에서 비계를 꺼내서 걸어가던 사람이 고기를 찾을 동안 먹을 수 있도록 주었다. 그런 다음 말을 이어갔다.

"내가 돌아올 때 날개로 눈 위에 선을 그어 놓았어. 얼마 동안 걸어간 다음에 내 흔적을 따라가면 사슴 고기를 찾게 될 거야. 그 고기를 먹어도 되고 어쩌면 거기에 남아 있어도 돼. 왜냐하면 걸어서는 거기서 결코 되돌아올 수 없을지도 몰라."

날개 달린 사람 파스테르는 그렇게 말하고 집으로 계속 날아갔다. 걸어 다니는 사람은 출발해서 곧장 계속 갔다. 도중에 사슴 비계를 먹어서 배가 고프지는 않았다. 얼마 동안 걸어간 후 비계가 떨어졌을 때 마침내 죽은 사슴을 발견했다. '내 고향은 정말 저 뒤에 멀고도 멀리 있구나. 언제나 내가 걸어서 고향 땅을 밟을 수 있을까?' 그는 속으로 생각했다. 그런 다음 사슴 고기를 꺼내서 먹기 시작했다. 그는 맛있게 고기를 먹고 또 먹고는 주위를 둘러보기 시작했다. '내 고향은 여기서 멀구나. 걸어서는 결코 돌아갈 수 없다. 땅은 여기에도 있다. 물고기도 있고 사냥을 위한 들짐승도 있구나. 여기도 나쁘지 않다. 여기에 남아야겠구나.' 그는 속으로 이렇게 생각했고 그렇게 되었다. 걸어 다니는 파스테르 사람은 거기에 영원히 남았다. 곧 그는 예전의 고향을 잊어버렸고 곧 완전히 잊어버렸다.

이 파스테르인으로부터 파스테르 부족이 발생했다. 예전에 그들은 여기서 살지 않았는데 어떻게 여기에 왔는지를 이 이야기는 말해 주고 있다.

라호 야호족 이야기

드넓은 저지가 있는 곳, 높은 풀이 자란 곳, 커다란 물가에 두 용사가 살았다. 그들은 형제였다. 그리고 라호 야호[39]족 전체가 그들과 함께 드넓은 저지가 있는 커다란 물가에서 살았다.

용사들은 사냥을 떠났다. 한 용사는 독수리 깃털이 달린 화살을 쏘았고 화살은 먹구름 위로 날아갔다. 날고 날고 또 날아가 커다랗고 커다란 독수리를 죽였다. 수많은 독수리 깃털이 화살에 떨어졌다. 용사들은 밤에 천막에 도착했고 어두웠다. 사슴 자루에서 깃털을 꺼내자 천막 안은 낮처럼 밝아졌다. 하나의 독수리 깃털이 태양보다도, 밝은 달보다도 더 밝은 불꽃으로 타올랐다. 이 깃털은 금깃털이었다. 용사들은 누가 독수리 깃털을 가질 것인가를 두고 싸우기 시작했다. 한 사람이 독수리의 금깃털을 가지면 다른 사람이 싸웠고, 다른 사람이 독수리의 금깃털을 가지면 그 사람이 싸웠다.

---

39) 문자 그대로는 '저지(低地)의 민족'이란 뜻으로 바흐강과 오브강 한티족이 스스로를 부르는 명칭이다.

오랫동안 싸웠는지 몸싸움을 했는지 그 누구도 모른다. 한 용사가 드넓은 저지가 있는 곳, 커다란 물가에 남았고 거기엔 바트 푸콜[40] 도시가 있었다. 그에게 독수리의 금깃털도 남게 되었다. 다른 용사는 다른 강으로 갔다. 그와 함께 도시에서 민족의 반이 따라갔다. 그렇게 이 민족을 바트 야흐,[41] 즉 '도시에서 온 민족'이라고 부르기 시작했다.

---

40) 바트 푸골은 바흐강 하구 위쪽 오브강 유역의 거주 지역이다.

41) '도시에서 온 민족'이란 뜻으로 바흐강 유역 한티족 부족이 스스로를 부르는 명칭이다.

성스러운 봉우리들이 생겨난 이야기

옛날 옛적에 있었던 일이다. 이 전설은 길지만 아무도 이 전설을 처음부터 끝까지 이야기할 수 없다.

노파가 가장인 한 가족이 오브강을 따라 밑으로 내려가서 바슈간강에 가기로 결정했다. 그런데 바슈간을 찾지는 못하고 뉴롤카강[42]에 가게 되었다. 가족은 투흐 옘토르[43] 호수에서 흘러나와 뉴롤카로 흘러드는 투흐시게[44]강을 따라 올라가기 시작했다. 굶주림이 시작되었다. 당시에는 이런 풍습이 있었다. 사냥할 것이 없으면 공물을 바쳐야만 했다. 노파는 투흐시게강 한 섬의 봉우리에 공물로 아들 한 명을 데려와서 죽였고 그를 봉우리의 잣나무 아래에 남겨 두고 봉우리에 바쳤다. 그런 다음 사냥이 잘되었고 그들은 살림이 넉넉해져서 계속 갔다. 그러나 그녀에게는 대가족이 있었고 저장 식량은 곧 바닥이 났으며 또다시 굶주림이 시작되었다.

---

42) 바슈간강의 오른쪽 지류다.

43) 바슈간강의 유역에 있는 호수다.

44) 뉴롤카강의 왼쪽 지류다.

가족은 섬까지 갔고 거기서 그녀는 자기 남편인 노인을 희생물로 바쳤다. 이 섬은 지금까지 이키, 즉 노인이라고 불린다. 그 섬에는 지금 전나무와 잣나무가 서 있는데 거기서 지금까지도 제물을 바치고 있다. 투흐 엠토르 호수 쪽으로 다가가기 시작했을 때 가족 중에서는 아들 셋만 남게 되었다. 노파는 그들을 떼어 놓았다. 거기서 또한 신성한 봉우리가 형성되었다. 거기에는 여성의 물건, 빗이나 댕기 같은 것만 제물로 바쳤다.

나머지 사람들이 오제르노예의 사람들에게 배를 타고 갔다. 거기서 노파를 타지 사람이라고 받아들이지 않자 그녀는 투흐 시게를 따라 뒤로 내려가기로 결정했다. 그녀에게는 아들 셋이 남았다. 그녀는 투흐 시게에 둑을 쌓고 오제르노예를 침수시키기로 결심했다. 말뚝을 박기 위해 망치가 필요했다. 노파는 강에 둑을 쌓았지만 강이 터져 나와서 다른 쪽으로 흘러갔다. 노파는 두 아들을 노인을 바쳤던 곳으로 보냈고 막내아들을 데리고 갔다. 노파는 여전히 바슈간 강에 들어가기를 바랐다. 베스 엠토르[45] 호수에 막내아들도 바쳤고 호수를 따라 커다란 호수 투흐 엠토르로 갔으며 거기를 향해해 갔다. 그녀가 있었던 한 장소에 파이 이미 봉우

---

45) 투흐시게강의 상류에 있는 호수다.

리(노파 봉)가 형성되었고 그곳에도 사람들이 제물을 바치고 있다. 노파는 또다시 투흐 시게로 들어갔다. 노파에게는 길이 잘 든 사슴 새끼가 있었다. 노파는 그 사슴을 투흐 시게에 제물로 바쳤고 하얀 돌로 그것의 형상을 만들었다. 투흐 시게에 있는 이 돌 사슴은 오래된 것이고, 그 돌 사슴에게 사냥꾼과 타지인들은 제물을 바쳤다. 그것은 아무도 보지 못하고 오스탸크인들만 볼 수 있다. 그 돌상은 땅 밑에서 나타났다가 사라진다.

성(姓)의 발생

노인들은 예전에 마을 사람들이 다른 마을로 전쟁하러 다녔다고 말했다. 그들은 다른 족속들이 찾기 어렵도록 굴[46]에서 살았다. 레트네 키옙스코예[47] 마을에서 멀지 않은 곳에 얄 벨렘 파이[48]라고 불리는 곳이 있었다. 어린 소나무가 무성히 자라 있는 크지 않은 봉우리다. 예전에 이 봉우리는 더 컸고 그 위에 커다란 마을이 있었다. 그런데 어느 날 이 마을로 적들이 침략해 왔다. 마을에는 용사가 살고 있었고 그 아들은 매우 아름다운 아가씨와 결혼했다. 이 미녀 때문에 전쟁이 일어났다. 적들이 침략해 왔을 때(그들은 세 배나 많았다), 용사는 멧닭의 목만 한 노를 만들었고, 아들은 두께가 백조 목만 한 노를 만들었다. 그들은 쪽배로 뛰어올랐고 적으로부터 도망치려고 했다. 용사의 노는 두꺼워서 멀리 떠내려갔지만, 아들의 노는 백조의 목만큼 얇아서 그가 힘차게 노를 젓자 부러졌다. 적들은 용사의 아들을 쫓아

---

46) 땅 밑의 주거지를 말한다.

47) 바흐강 하구 위쪽 오브강 유역의 거주 지역이다.

48) '전쟁에서 죽은 사람들의 봉'이라는 뜻이다.

가서 죽였다. 용사의 며느리는 둔덕 사이의 커다란 늪에 몸을 숨겼다. 그녀는 커다란 바구니에 기어 들어갔고 적들은 그녀를 찾지 못했다. 마을에서 모든 사람들을 죽였고 살아남은 사람은 용사와 며느리뿐이었다. 용사는 며느리와 가까워져서 그녀와 살기 시작했다. 그들은 아이들을 미쿠민이라고 부르게 되었다. 며느리는 둔덕 사이에 숨었고 둔덕은 오스탸크 말로 뮤흐, 뮤흐 파이이기 때문에 미쿠민이라는 성이 나왔다. 이 이야기를 세묜 안토우소프 할아버지가 이야기했다.

용사의 모자는 철이었고 용사는 철 윗옷을 입고 있었다. 적들은 용사에게 몹시 놀랐다. 왜냐하면 용사가 강변을 따라 걸어오면서 자작나무를 마음대로 비틀어 버리는 것을 보았기 때문이다. 적들은 놀라서 되돌아갔다. 용사와 그의 며느리에게는 세 아들이 있었다. 이 아들들로부터 오스탸크의 세 개 성(姓), 칼린, 미쿠민, 바시킨이 나왔다.

아간강으로의 이주

카짐[49]에 남편과 아내가 살았다. 그들의 딸이 죽었다. 부모는 딸을 장사 지내고 묘지에서 상을 차렸다. 이후 묘지에서 집으로 돌아갔는데 불을 끄는 것을 잊었다. 밤에 묘지 전체가 불타 버렸다. 법에 따라 그들은 재판을 받아야 했다. 그들은 아간[50]으로 도망쳤다. 처음에 그들은 오브강으로 갔고 그다음에는 아간강으로 갔다. 이 사람들은 아간강의 가장 위쪽 상류에 정착했다. 그런 다음 자식들을 낳았다. 모든 카짐 사람들이 그들의 자녀들이다. 이것은 오래전의 일이고 여섯, 일곱 세대가 이미 지났다.

---

49) 오브강의 오른쪽 지류와 그 유역의 마을을 일컫는다.

50) 오브강의 오른쪽 지류다.

아히스 야흐족과의 싸움

예전에 아간의 주민들은 아히스 야흐[51]족과 싸웠다. 예르간 야흐[52]족과는 평화롭게 살았다. 아히스 야흐는 아간 사람들의 재산, 즉 사슴 떼를 노략질하려고 했다. 아히스 야흐족에게는 정탐꾼이 두 명 있었는데 아간으로 와서 힘이 센 사람들이 사는지 알아보려고 했다. 아간에는 두 형제가 살았는데 그들은 매우 힘이 셌다. 형 랍 이키는 커다란 나무줄기에서 즙을 짜낼 수 있었다. 동생은 랍 이키 모니였다. 아히스 야흐족의 정탐꾼들은 랍 이키의 활을 보았다. 그들은 그 활을 당겨 보려고 했지만 당길 수가 없었다. 아히스 야흐 사람들은 칸타흐 야흐[53]가 이 활로 그들을 놀래 주려고 한다고 단정 지었다. 랍 이키가 이 말을 들었다. 그는 활을 잡고 새끼손가락 하나로 활시위를 당겼는데 활 끝이 서로 맞닿았다. 그런 다음 그들은 누가 더 잘 쏘는지 싸웠다. 사람들이 수사슴의 뿔을 잡았다. 랍 이키의 동생이 활을 쏘아

---

51) '하급 민족'이란 뜻으로 정확한 유래가 없는 민족명이다.

52) 네네츠족을 말한다.

53) 한티족을 말한다.

뼈를 관통했다. 랍 이키도 쏘았고 그의 화살이 뼈를 관통하고도 똑같은 속도로 계속 날아갔다. 아히스 사람이 쏘았지만 뼈를 관통하지 못했고 흔적만 남았다. 정탐꾼들은 자기 땅으로 가서 있었던 일을 모두 말했다. 그러자 아히스 야흐족은 아간과 전쟁하기가 두려워졌다. 정탐꾼들이 떠났을 때 랍 이키는 새끼손가락을 그들의 쪽배에 걸었고 물 위에서 오랫동안 잡아끌었다.

어느 날 북쪽에서 아히스 야흐족의 대군이 아간에 왔다. 그들에게는 무당이 두 명 있었다. 무당들은 전쟁에서 승리할 수 있을지를 점치기 시작했다. 그들은 새로 변해서 춤[54]의 가죽을 통과해서 날아갔다.

무당들은 돌아와서 아히스 야흐족이 수많은 노획물을 얻게 될 것이라고 말했다. 다음 날 밤 아히스 야흐족의 진영에서 한 사람이 죽었다. 다음 날 아침이 되자 군대 전체가 죽었다. 한 소녀만 남았는데 이 소녀를 칸타흐 야흐가 데려갔다. 지금까지 아히스 야흐족은 아간을 침략하지 않는다.

이것은 오래전의 일이고 수많은 세대가 흘렀다.

---

54) 장대로 지어진 원추형 주거로 가죽이나 나무껍질로 덮여 있다.

태양의 딸과 달

노부부에게 아들과 딸이 있었다. 딸은 마을 사람들 모두를 삼켜 버렸다. 소년은 이를 알고 어머니한테 물었다.

"어머니는 누가 더 좋으세요? 아들이에요? 딸이에요?"

어머니가 대답했다.

"딸이다."

소년은 울면서 나갔다. 태양의 딸들이 호수에 목욕하러 왔는데 아들이 백조 가죽을 입고 수영을 하고 있었다. 태양의 딸들은 그를 데려갔다. 그는 태양에서 살게 되었고 딸 하나가 그에게 시집을 갔다. 그는 낮에 태양에서 떠나서 울곤 했다. 태양의 딸들이 그에게 물었다.

"왜 우는 거예요?"

"무엇인가에 부딪쳤어요."

태양은 그 장소에 가서 물었다.

"너는 왜 그를 울렸느냐?"

그 장소가 대답했다.

"그는 집이 그리워 우는 거예요."

태양이 말했다.

"너는 왜 집이 그립다고 말하지 않았지? 집에 다녀오너라."

태양의 딸은 그에게 빗과 돌을 주었다. 그가 땅 위의 집에 갔을 때 누이가 이미 부모를 다 먹고는 해골을 가지고 놀고 있었다. 마을 전체를 먹고 이제는 부모의 해골을 던지고 있었다. 만약 얼굴이 위로 떨어지면 오빠가 온다는 뜻이었다. 오빠도 먹고 싶었던 것이었다. 그가 도착하자 누이는 말의 다리를 뽑았다. 먹으려고 했던 것이다. 그는 말에 뛰어올라 도망쳤다. 그녀는 그를 뒤쫓아 갔고 이미 가까워졌다. 그가 빗을 던졌더니 뒤에 울창한 숲이 생겨났다. 누이가 나무를 베어 길을 뚫는 동안 말은 조금 쉬었다. 그가 달리자 누이가 또다시 쫓아왔다. 그가 돌을 던지자 바위가 생겨났다. 누이가 바위를 깨부수는 동안 말이 조금 쉬었다. 어느 순간 누이가 이미 그를 뒤쫓아 와서 잡았다. 누이는 그의 심장이 있는 곳을 덥석 쥐었다. 이때 태양이 청년을 붙잡았지만 이미 심장이 없었다. 태양은 청년을 집으로 데려가서 숨을 불어넣으면서 치료하기 시작했다. 청년은 소생했다가 죽었다가 했다. 그래서 달이 커졌다가 사라졌다가 하는 것이다.

달의 기원

한 농부가 살았는데 그에게는 아내도 없고 아무도 없었다. 그래서 생각했다. '나 혼자 이 숲에 사는 것인지 아니면 다른 사람들이 있는지 보러 다녀와야겠군.'

생각하고 또 생각하다가 밤을 지새우고 아침에 일어나 차를 마시고 옷을 입고 나갔다. 가고 또 가다가 보니 숲에 오두막이 있었고 거기에 한 여인이 살고 있었다. 그녀와 살기 시작했다. 살고 살다가 보니 이 여인의 생은 짧고 그의 생은 길었다.

그래서 생각했다.

'계속 가 봐야겠군.'

낮에도 가고 밤에도 갔다. 또다시 앞에 오두막이 나타났다. 들어가서 보니 한 여인이 살고 있었다. 그러나 그가 보니 또다시 이 여인의 생은 짧고 그의 생은 길었다. 그래서 여인에게 말했다.

"나는 계속 가겠소."

그리고 떠났다. 낮에도 가고 밤에도 걸어갔다. 그는 또다시 숲에서 오두막을 만났는데 거기에 한 여인이 살고 있었다. 그녀는 아버지도 없고 어머니도 없었다. 함께 살기 시작했다. 그가 보니 그들의 생은 똑같았다. 살고 살다가 그가 말했다.

"내 오두막을 살피러 집으로 가야겠소."

그러나 여인은 그를 놓아주지 않았다. 그는 채비를 하고 떠났다. 가서 집을 살피고 되돌아가기 위해 길을 떠났다. 첫 번째 아내가 살았던 집을 만났는데 보니 오두막이 없었다. 어디서인지 첫 번째 아내가 튀어나와서 그를 뒤쫓아 왔다. 그는 그녀한테서 도망쳤다. 도망치고 또 도망치다가 보니 두 번째 아내가 살았던 오두막이 있던 곳 어딘가였다. 어디서인지 두 번째 아내가 튀어나왔다. 두 명의 아내가 그의 뒤를 쫓아왔다. 도망치고 도망치다가 보니 세 번째 아내가 닭다리 위의 오두막[55]에 앉아서 팔다리를 문밖으로 내밀고 있었다. 그는 소리쳤다.

"문을 열어!"

그녀는 문을 열었고 그가 반쯤 기어들어갔는데 아내들이 그를 두 조각으로 찢어 버렸다. 절반은 두 명의 아내에게 남겨졌고 다른 절반은 세 번째 아내한테 남았다. 그는 세 번째 아내와 살기 시작했다. 그는 달이고 그녀는 해다. 그녀가 남

---

55) 닭의 다리 위에 지어진 오두막은 민담에서 자주 등장하는 오두막의 모습이다.

편의 절반을 위로 던질 때 남편의 나머지 절반이 자라게 되었다. 그렇게 되면 달이 뜨게 되었고 그녀는 해가 되었다.

태양과 달의 사람들 이야기

태양에는 사람들이 있었는데 거기는 뜨겁기만 했다. 사람들은 빵을 먹지 않고 자기 앞에 놓고 보다가 입을 벙긋거리기만 했다. 모든 것을 손으로 했는데 밀을 재배하고 물고기를 잡았다.

달에는 이런 이야기가 있다. 아이들이 달이 떠오르는 밤에 물을 길으러 나갔다. 집의 문지방에 닿기도 전에 자랑하기 시작했다.

"이렇게 우리는 잘 살아요. 물고기도 있고 물도 있어요!"

달이 그들을 하늘로 덥석 들어 올렸다. 그래서 지금도 아이들에게 이렇게 말한다.

"밤에 장난치면 안 된단다. 달이 너희를 하늘로 끌고 간단다."

알발리와 셉시 이키

알발리[56]가 호수로 다가갔는데 거기에 청둥오리가 한 마리 앉아 있었다. 알발리가 활을 쏘았고 청둥오리가 떨어졌다. 청둥오리에 화살이 박혀 있었다. 알발리는 달려가서 화살을 뽑기 시작했다.

"화살을 내놔라, 그러지 않으면 활로 때려 줄 테다."

그가 말했다.

활로 때렸지만 활이 붙어 버렸다. 활을 당겨 보았지만 아무 소용이 없었다.

"내놔라, 그러지 않으면 노로 때려 줄 테다."

노로 때렸지만 노도 완전히 붙어 버렸다. 잡아당기고 또 당겼지만 아무 소용이 없었다.

"내놔라, 안 그러면 쪽배로 때려 줄 테다."

쪽배로 때렸지만 쪽배도 붙어 버렸다. 당기고 또 당겨 보

---

56) 민담의 주인공 이름들 중 하나다. 그는 '졸로토이 바가티르(황금의 기사)', '이미 히티', '콘 이키', '미르 수스네 훔', 또는 '므노고 스트란스트보밥시이 무시(수없이 순례한 남자)', '므노고 블루즈답시 무시(수없이 방랑한 남자)', '오르트 이키', '타리크 페시 니말랴 소프', '엑바 피리스' 등으로 불린다.

았지만 아무 소용이 없었다.

"쪽배를 내놔라, 안 그러면 손으로 때려 줄 테다."

손으로 때렸지만 손도 붙어 버렸다. 손을 당기고 또 당겨 보았지만 아무 소용이 없었다.

"놓으란 말이다. 안 그러면 다리로 때려 줄 테다."

이렇게 말하며 다리로 때렸지만 두 다리도 붙어 버렸고 아무것도 할 수가 없었다.

"놓으란 말이다. 안 그러면 머리로 때려 줄 테다."

머리로 때렸지만 머리도 붙어 버렸다. 이렇게 모든 게 붙어 버렸다. 이것은 청둥오리가 아니라 셉시 이키[57]였다. 셉시 이키는 사슬을 가지고 알발리에게 다가와서(셉시 이키가 알발리의 아버지와 할아버지도 잡아먹었다) 이렇게 말했다.

"오호호, 내 사슬은 얼마나 운이 좋은지!"

그는 알발리를 어깨에 들쳐 메고 집으로 끌고 갔다. 집에 끌고 와서 사슬에 묶고는 이렇게 말했다.

"너를 죽여 줄까 아니면 살려 줄까?"

알발리가 말했다.

"뭐 하러 죽여요? 좀 보세요. 뼈밖에 없잖아요. 먼저 저를 잘 먹이시는 편이 낫지요."

---

57) 동(東)한티족의 거인 이름이다.

셉시 이키가 그렇게 하기로 했다. 셉시 이키가 밖으로 나갔다. 살진 오리를 잡아서 어서 빨리 살이 찌고 뚱뚱해지라고 알발리에게 다 주었다. 먹이고 또 먹여서 살만 통통하게 올랐다. 이제는 그를 죽여서 솥에 넣으려고 끌고 갔다. 알발리가 이렇게 말했다.

“솥이 이게 뭐예요? 너무 작잖아요. 저를 끓이시면 온통 기름이 흘러넘치겠네요. 큰 솥을 가져오세요.”

셉시 이키가 알발리를 끓이기 위해 큰 솥을 가지러 오브강 위쪽으로 떠났다. 셉시 이키가 떠나자 집에는 딸들만 남았다. 셉시 이키가 떠나자 알발리는 이렇게 말했다.

“따님들, 저를 풀어 주세요. 잠깐만 나가서 뚝딱하면 따님들에게 숟가락과 찻잔을 만들어 드릴 수 있어요.”

딸들은 그를 풀어 주었다. 그는 밖으로 나가서 엉뚱한 것을 세게 두드렸다. 그러고는 이렇게 말했다.

“나와 보세요. 제가 따님들께 내 비계를 벗겨 내서 만든 수프를 떠먹을 숟가락을 만들었어요.”

딸 한 명이 거리로 나와서 그에게 다가가자 알발리는 그녀를 도끼 등으로 내리쳤다. 딸이 쓰러지자 그는 이렇게 말했다.

“좀 나와 보세요. 자매분이 뭔가에 걸려 넘어졌어요. 데려가세요.”

다른 딸이 나와서 그에게 다가가자 알발리는 그녀를 도끼 등으로 내리쳤다. 그녀도 바로 쓰러졌다. 그는 두 딸을 잡아서 조각조각 잘라서 솥에 넣고 끓이기 시작했다. 딸들을 끓여서 고기를 발라냈고 막대기를 깎아서 고기 조각들을 막대기에 꽂아 셉시 이키가 오는 길에 세워 놓았다. 그리고 자신은 장화 목에 모래를 채워서 나무에 걸어 두고 나무 위로 올라가 앉아 있었다. 처녀들의 장막에 짚단 두 개를 묶어서 마치 딸들이 거기 누워 있는 것처럼 놓아두었다. 셉시 이키가 딸들이 알발리를 이미 죽여서 그를 위해 끓여 놓은 것으로 생각하게 하기 위해서였다.

셉시 이키가 오고 있었다. 고기가 있는 곳까지 와서 말했다.

“에이, 바보 같은 딸들. 바보 같으니라고. 왜 이렇게 만들어 놓았느냐! 내가 직접 죽이고 싶었단 말이다. 더 잘했을 텐데.”

가면서 막대에 꽂힌 고기 조각을 전부 먹고는 말했다.

“그런데 이것은 내 살이고, 내 피며, 내 딸들인 것처럼 느껴지는구나.”

오두막으로 와서 딸들을 찾기 시작했는데 두 개의 처녀 머리가 누워 있었다. 장막에 가까이 와 보니 장막 근처로 까치들이 날아들었다. 장막을 걷자 까치들이 날아갔다.

셉시 이키는 말했다.

"알발리, 알발리야. 네가 나를 비웃는구나. 내 살로 나를 먹였구나."

오두막에서 짚단을 세기 시작했고 두 단이 안 되니 짚단을 먹었다. 오두막에서 통나무를 세기 시작했고 두 개가 안 되니 통나무도 먹었다. 밖으로 나와서 나무를 세기 시작했고 두 그루가 없자 나무도 먹어 버렸다. 알발리가 말했다.

"뭘 그렇게 세고 다니죠? 나는 여기 앉아 있는데."

셉시 이키가 말했다.

"다섯 자루의 손도끼를 먹었고, 다섯 자루의 도끼를 먹어 치워서 토할 것 같구나."

그는 다섯 자루의 손도끼를 뱉어 냈다. 셉시 이키는 이 도끼들로 알발리가 앉아 있는 나무를 찍기 시작했다. 어떤 도끼로 찍어도 도끼가 망가져 버렸고, 어떤 손도끼로 찍어도 망가져 버렸다. 다 망가져 버렸다. 또다시 일곱 자루의 도끼와 일곱 자루의 손도끼를 토해 냈다. 그 도끼들로 찍기 시작했다. 여섯 자루의 도끼가 망가졌고, 여섯 자루의 손도끼가 망가졌다. 도끼 하나가 남았다. 그 도끼로 찍기 시작했다. 셉시 이키가 찍고 또 찍자 나무가 곧 넘어갈 것 같았다. 그러자 알발리가 말했다.

"그만해요. 찍지 마세요! 내가 나무에서 물로 떨어져 버리면 당신한테는 뭐가 남겠어요? 눈을 크게 뜨고 입을 크게 벌리고 나무 아래에 누워 계시는 게 나아요. 그러면 내가 곧장 입으로 떨어질게요."

셉시 이키는 나무 아래 누워서 눈을 뜨고 입을 벌렸다. 알발리는 장화 목을 잡고서 나무에서 내려오기 시작했고 셉시 이키한테 모래를 흩뿌렸다.

셉시 이키는 그에게 말했다.

"나한테 뭘 뿌리는 거냐?"

알발리는 말했다.

"누워 계세요. 내가 내려가니까 나무껍질이 떨어져서 그런 거예요."

더 아래로 내려갔고 장화목을 풀러 셉시 이키한테 모래를 전부 뿌렸다. 셉시 이키가 벌떡 일어났다. 입과 눈에 모래가 가득해서 아무것도 보이지 않았고 아무 말도 할 수가 없었다. 알발리는 셉시 이키의 마지막 남은 도끼로 그를 죽였다. 알발리는 모든 것을 부숴서 오두막과 함께 태웠다. 오두막이 타고 있는데 알발리가 쳐다보니 어떤 아낙네가 불을 끄며 흑담비털을 휘두르기 시작했다. 알발리는 이 아낙네를 데리고 그녀와 함께 살려고 떠났다.

셉시 이키는 다 타 버렸고 재가 숲을 날아다녔는데 이런 소리가 들렸다.

"사람들이 태어나면 우리는 그 피를 마실 것이다."

그래서 모기가 날아다니는 것이었다.

람파스크 노인과 손자

람파스크인지 밤파스크[58]인지 하는 노인이 살고 있었다. 노인에게는 일곱 아들이 있었다. 이렇게 저렇게 긴 세월 짧은 세월을 살아가는데 한번은 이런 날이 있었다. 아들들이 들어 보니 밖에서 무슨 시끄러운 소리가 들렸다. 장남이 나가 보았더니 원수들이 찾아왔던 것이다! 장남은 집으로 들어와서 아버지에게 말했다.

"원수들이 우리를 찾아왔어요. 돌 눈의 일곱 용사들이오!"

그리고 아버지에게 말했다.

"저에게 아버지의 갑옷을 주세요."

아버지는 아무런 말도 안 하고 가만히 앉아 있었다. 아들은 뒤돌아서 나갔고 잠시 살펴보다 들어왔다.

"제발, 아버지, 제게 갑옷을 주세요. 어머니가 낳아 주신 대로 맨몸으로는 저를 죽여 버릴 거예요."

아버지는 아들에게 아무 말도 하지 않았다. 아들은 뒤돌

58) 람파스크, 밤파스크는 알료시키노 마을 한티족의 수호자 신을 말한다.

아서 나갔다. 돌 눈의 일곱 용사들은 소리소리 치면서 그의 머리를 토룸에게 바쳤다. 일곱 번 외치면서 토룸에게 소리쳤고, 여섯 번 외치면서 토룸에게 소리쳤다.[59] 그의 머리에서 가죽을 벗겨서 낙엽송 꼭대기에 휙 던져 버렸다.[60]

둘째 아들이 뛰어나가 잠시 거닐다가 들어왔다.

"제발, 아버지. 저에게 아버지의 갑옷을 주세요."

아버지는 아무 말도 하지 않고 조용히 앉아 있었다. 아들은 뒤돌아섰고 잠시 나갔다가 들어왔다.

"제발, 아버지. 제게 갑옷을 주세요. 아니면 아버지 둘째 아들이 죽어요. 불쌍하지도 않으세요?"

아버지는 아무 말도 없이 앉아 있었다. 아들은 뒤돌아서 잠시 나갔다가 들어왔다.

"제발, 아버지. 제게 갑옷을 주세요. 어머니가 낳아 주신 대로 맨몸으로는 저를 죽여 버릴 거예요."

아들은 뒤돌아섰고 나가자마자 돌 눈의 일곱 용사들이 그의 머리를 토룸에게 바쳤다. 일곱 번 외치면서 그들은 소리쳤고 여섯 번 외치면서 그들은 소리쳤다.

---

59) 토룸에게 제물을 바친다는 것을 알리기 위해 큰 소리를 외치면서 희생물을 바쳤다.

60) 가죽을 벗겨 나무 위에 걸어 놓아 토룸 신에게 희생제를 올렸다.

그러자 셋째 아들이 뛰어나갔다. 잠시 나갔다가 들어왔다.

"제발, 아버지. 제게 갑옷을 주세요."

아버지는 아무 말도 없이 앉아 있었다. 아들은 뒤돌아섰고 잠시 나갔다가 들어왔다.

"제발, 아버지. 제게 아버지의 갑옷을 주세요. 아니면 아버지의 셋째 아들이 죽어요. 불쌍하지도 않으세요?"

아버지는 한 마디도 하지 않았다. 아들은 뒤돌아섰고, 나가서 밖에서 잠시 돌아보다 들어왔다.

"제발, 아버지. 제게 아버지의 갑옷을 주세요. 어머니가 낳아 주신 대로 맨몸으로는 저를 죽여 버릴 거예요."

아버지는 한 마디도 하지 않았다. 아들이 뒤돌아섰고 나가자마자 돌 눈의 일곱 용사가 소리소리 치면서 그의 머리를 토룸에게 바쳤다. 일곱 번 크게 소리치면서 그의 머리는 토룸에게 바쳐졌고, 여섯 번 크게 소리치면서 그의 머리는 토룸에게 바쳐졌다. 그의 머리는 가죽이 벗겨져서 나무 꼭대기에 버려졌다.

그때 넷째 아들이 뛰어나갔다. 잠시 돌아보다 들어왔다.

"제발, 아버지. 아버지의 갑옷을 제게 주세요."

아버지는 아무 말 없이 앉아 있었다. 아들은 뒤돌아섰고 잠시 나갔다가 들어왔다.

"아버지, 제발, 갑옷을 주세요. 아니면 아버지의 넷째 아들을 죽일 거예요. 정말 불쌍하지도 않으세요?"

아버지는 아무 말 없이 앉아 있었다. 그의 아들은 돌아섰고 잠시 나갔다가 들어왔다.

"아버지, 제발, 갑옷을 주세요. 어머니가 낳아 주신 대로 맨몸으로는 저를 죽일 거예요."

아버지는 한 마디도 하지 않았다. 아들은 뒤돌아섰고, 나가자마자 돌 눈의 일곱 용사들이 소리를 지르며 그의 머리를 토룸에게 바쳤다. 일곱 번 크게 소리치면서 그의 머리는 토룸에게 바쳐졌고, 여섯 번 크게 소리치면서 그의 머리는 토룸에게 바쳐졌다.

그런 다음 다섯째 아들이 나갔고 잠시 다니다가 들어왔다.

"아버지, 제게 갑옷을 주세요."

아버지는 전혀 대화를 하지 않았다. 아들은 뒤돌아 잠시 나갔다가 들어왔다.

"제발, 아버지. 제게 아버지의 갑옷을 주세요. 아니면 아버지의 다섯째 아들을 죽일 거예요. 정말 제가 불쌍하지도 않으세요?"

아들은 뒤돌아섰고 잠시 나갔다가 들어왔다.

"제발, 아버지. 갑옷을 주세요. 어머니가 낳으신 대로 맨몸으로 저를 죽여 버릴 거예요."

아버지는 전혀 대화를 하지 않았다. 아들은 뒤돌아서서 나갔고 돌 눈의 일곱 용사들이 소리소리 치면서 그의 머리를 토룸에게 바쳤다. 일곱 번 크게 소리치면서 그의 머리는 토룸에게 바쳐졌고, 여섯 번 크게 소리치면서 그의 머리는 토룸에게 바쳐졌다. 그의 머리는 가죽이 벗겨져 나무 꼭대기에 버려졌다.

그러자 여섯째 아들이 나갔다. 잠시 다니다가 들어왔다.

"제발, 아버지. 제게 아버지의 갑옷을 주세요."

아버지는 아무 말도 없이 앉아 있었다. 아들은 뒤돌아섰고 잠시 나갔다가 들어왔다.

"제발, 아버지. 제게 갑옷을 주세요. 아니면 아버지의 여섯째 아들을 죽일 거예요. 정말 제가 불쌍하지도 않으세요?"

아버지는 완전히 입을 다물고 앉아 있었다. 아들은 뒤돌아섰고 잠시 다니다가 들어왔다.

"제발, 아버지. 제게 갑옷을 주세요. 어머니가 낳아 주신 대로 맨몸으로는 저를 죽여 버릴 거예요."

아버지는 아무 말도 없이 앉아 있었다. 그의 아들은 뒤돌아섰고, 나가자마자 돌 눈의 일곱 용사들이 소리소리 치면서 그의 머리를 토룸에게 바쳤다. 일곱 번 크게 소리치면서 그의 머리는 토룸에게 바쳐졌고, 여섯 번 크게 소리치면서 그의 머리는 토룸에게 바쳐졌다. 그의 머리는 가죽이 벗겨져서 나무 꼭대기에 던져졌다.

그러자 일곱째 아들이 뛰어나갔다. 잠시 다니다가 들어왔다.

"제발, 아버지. 제게 아버지의 갑옷을 주세요."

아버지는 아무 말도 없이 앉아 있었다. 그의 아들은 뒤돌아섰고 잠시 나갔다가 들어왔다.

"제발, 아버지. 제게 갑옷을 주세요. 아니면 아버지의 일곱째 아들을 죽일 거예요. 정말 제가 불쌍하지도 않으세요?"

아버지는 입을 꼭 다물고 앉아 있었다. 아들은 뒤돌아섰고 잠시 나갔다가 들어왔다.

"제발, 아버지. 제게 갑옷을 주세요. 어머니가 낳으신 대로 맨몸으로는 저를 죽여 버릴 거예요."

아버지는 아무 말도 없이 앉아 있었다. 아들은 뒤돌아섰고 나가자마자 돌 눈의 일곱 용사가 소리소리 치면서 그의 머리를 토룸에게 바쳤다. 여섯 번 크게 소리치면서 그의 머리는 토룸에게 바쳐졌고 일곱 번 크게 소리치면서 그의 머리는 토룸에게 바쳐졌다. 그의 머리는 가죽이 벗겨져 나무 꼭대기에 던져졌다.

그러자 아버지는 일어섰고 자기 갑옷을 입고 장검을 들고 뛰어나갔다. 아버지가 나갔을 때는 이미 돌 눈의 일곱 용사들이 도망친 후였다.

그런 다음 그들은 이럭저럭 긴 세월 짧은 세월을 살았다. 그들이 이럭저럭 사는 동안 마지막 일곱째 며느리가 아들을 낳았다. 아들은 하루 사이에 한 뼘씩 자랐고 손바닥 너비만큼 커 갔다. 그들이 이럭저럭 사는 동안 손자는 자라서 뛰어다니기 시작했다. 어느 날 밖을 돌아다니다가 손자는 이렇게 생각했다. '할아버지에게 활과 화살을 만들어 달라고 말해야겠군!' 손자는 집에 들어와서 할아버지에게 말했다.

"할아버지, 활과 화살을 만들어 주세요."

할아버지는 손자에게 활과 화살을 만들어 주었다. 할아버지는 말했다.

"네 활과 네 화살이 준비되었단다. 집 밖으로 나가지 마라. 절대로."

그의 화살과 활은 준비되었다. 토룸이 창조한 수많은 날들을 그는 밖에서 뛰어다녔다. 어느 날 밖에서 놀다가 화살을 쏘았다. 화살은 바다 끝에 떨어졌다. 그는 바다로 달려갔다. 화살에 연어 떼가 꿰여 있었다. 손자는 화살을 바다에서 꺼내서 집 대문으로 달렸다.

"할아버지, 문 열어요. 제가 물고기를 많이 잡았어요."

할아버지는 말했다.

"얼마 전에 너는 내게 이름을 지어 달라고 했지. 네 이름은 '봄 물고기 건조용 꼬치를 가진 용사'고 이름을 떨치게 될 거다. 네 이름 '가을 물고기 건조용 꼬치를 가진 용사'가 명성을 떨치게 될 것이다."[61]

이렇게 그들은 살아갔다. 어느 날 할아버지는 불 가까이에서 등을 드러내 놓고 앉아 있었다. 손자는 그의 등에서 한 뼘 길이의 상처를 발견했다.

"할아버지, 무슨 상처예요?"

"이한테 물린 자리란다."[62]

손자는 그를 방해하지 않고 가만히 내버려두었다. 어느 날 손자는 밖에서 놀다가 화살을 쏘았다. 화살은 집 뒤에 떨어졌다. 손자는 집 뒤로 갔는데 나무 꼭대기를 보니 일곱 개의 해골이 걸려 있었다. 손자는 집으로 달려갔고 들어가서 할아버지에게 말했다.

"왜 할아버지는 내 아버지와 백부들을 나한테 비밀로 하셨어요? 할아버지, 할아버지의 갑옷을 주세요. 내 아버지를 죽인 원수를 찾아 복수하러 떠날게요.[63] 내 살이 다하면 내

---

61) 물고기 건조용 꼬치처럼 화살에 물고기가 꿰인 것을 두고 이렇게 이름 지은 것이다.

62) 싸워서 난 상처라고 하면 일곱 아들들에 대해 말해야 하기 때문에 이 사실을 감추기 위해 이한테 물린 상처라고 한 것이다.

뼈가 복수할 것이고, 내 뼈가 다하면 내 해골이 복수할 거예요."

할아버지가 말했다.

"너는 아직 팔이 너무 약하고, 다리가 너무 약하다. 어디로 간단 말이냐? 더 크면 아버지와 백부들을 위해 떠나거라."

손자는 이 말에 한 마디도 하지 않고 뒤돌아 나갔다. 눈길 닿는 데로 발길을 향했다. 얼마 동안 걸어갔다. 하염없이 걷고 있는데 곰을 만났다. 손자는 곰의 두 귀를 잡고 나무에다 때리기 시작했다.

"아비 어미도 없느냐! 왜 너는 내 길을 막는 거냐?"

몸을 먼지가 나도록 패 주고는 길 한쪽에 내던져 버렸다. 얼마 동안 걸어갔다. 그렇게 걸어가고 있는데 맞은편에서 바로 그 곰이 걸어왔다.

"이런 호래자식 같으니라고! 왜 너는 내 길을 막는 거냐? 머나먼 길을 가고 있다. 네가 그렇게 나오면 내가 어떻게 가겠느냐?"

손자는 곰의 두 귀를 잡아서 나무에다 때리기 시작했다.

---

63) 부친에 대한 복수 모티브는 한티 만시족 민담의 가장 중요한 모티브 중 하나다.

먼지가 나도록 패 주고는 길 한쪽에다 내던져 버렸다. 그런 다음 계속 걸어갔다. 얼마 동안 걸어갔다. 그렇게 걸어가고 있는데 맞은편에서 웃으면서 할아버지가 오고 있었다.

"손자야, 네가 나를 거의 죽일 뻔했구나! 두 번이나 너는 나를 나무에다 때렸지. 내 혼이 거의 나갈 뻔했다."

그리고 자기의 갑옷을 벗었다.

"손자야, 이 갑옷을 받거라."

"할아버지는 피도 눈물도 없어요! 그 갑옷으로 제가 무엇을 하겠어요? 그렇게 아까워하시던 갑옷을 그냥 가지세요! 할아버지는 백부들과 아버지를 죽게 내버려두셨잖아요. 왜 할아버지는 그때 갑옷을 내주기를 아까워하셨어요?"

"만약 갑옷을 가지지 않겠다면, 내가 실꾸리를 하나 네게 주마. 실꾸리가 가는 데로 따라가거라."

그런 다음 할아버지는 손자에게 입맞춤을 했고 손자는 계속 갔다. 얼마 동안 걸어갔다. 실꾸리가 가는 데로 손자도 따라갔다. 그렇게 걷다가 바닷가에 닿게 되었다. 바다 저편에 구름인지 도시인지가 보였다. 가방에서 실꾸리를 꺼내서 바다 너머로 던졌다. 그러자 그가 건널 수 있는 넓이의 다리가 나타났다. 그런 다음 그는 바다를 건넜다. 바다 저편으로 갔다. 해변에 내려서서 돌 눈의 일곱 용사 가족이 살고 있는 도시로 들어서게 되었다.

물을 길으러 가던 여인들이 그를 보고 비웃기 시작했다.

"람파스크인지 밤파스크인지라는 노인의 손자야. '봄 물고기 건조용 꼬치를 가진 용사', '가을 물고기 건조용 꼬치를 가진 용사'야. 네 아비 죽인 원수를 찾아왔느냐? 네 어미 죽인 원수를 찾아왔느냐?"[64)]

그런 다음 하늘에서 용마루 들보와 연통을 가지고 살고 있는 그의 고결한 아버지가 그에게 검은 피가 가득한 찻잔을 쏟아붓는 듯했고, 또 한 번 검은 피로 가득한 찻잔을 쏟아붓는 듯했다.[65)]

그런 다음 그는 돌 눈의 일곱 용사 가족이 살고 있는 집으로 들어갔다. 문가 화덕 옆에서 멈췄다. 돌 눈의 일곱 용사들은 식탁에 앉아서 풍성한 음식을 먹고 있었다.

"람파스크인지 밤파스크인지 하는 노인의 손자야, '봄 물고기 건조용 꼬치를 가진 용사', '가을 물고기 건조용 꼬치를 가진 용사'야, 너는 아비 죽인 원수를 찾으러 왔느냐? 어미 죽인 원수를 찾으러 왔느냐? 화내지 마라, 분노하지 마라! 우리 식탁에 앉아서 먹고 마시자! 우리는 예물도 안 받고 네게 아내를 주마. 사례도 안 받고 우리 일곱 자매 중 막내를

---

64) 어머니는 아직 살아 있는데 비유적으로 표현한 것이다.

65) 주인공이 몹시 격분했다는 뜻이다.

아내로 주마."

이 말을 끝내자마자 그들은 '봄 물고기 건조용 꼬치를 가진 용사', '가을 물고기 건조용 꼬치를 가진 용사'를 다른 집으로 데려갔다. 그를 휘장이 덮인 판자 침대에 앉히고 마당처럼 넓은 바닥의 커다란 가마솥을 불에 걸고 물고기를 가득 채웠다.

"이 솥을 끓여라. 솥이 다 끓으면 네 약혼녀를 데려오마."

그는 솥에 불을 때기 시작했다. 그런 다음 잠시 앉아 있었는데 집 연통에 새가 한 마리 앉았다.

"쪽쪽, 짹짹! 람파스크인지 밤파스크인지 하는 노인의 손자야, 네 집 문은 잠겼고 네 집의 사방 구석에는 불을 질렀고 네 솥의 바닥은 판자로 막혔구나."

이 말에 그는 새를 쫓았다.

"이런 아비 어미도 없는 호래자식 같으니라고. 왜 나를 속이는 거냐? 예물을 안 주고 아내를 얻고 사례도 안 하고 아내를 얻을 거다!"

그런 다음 솥에 불을 지피기 시작했다. 손자는 판자 침대로 가서 누웠다. 잠시 누워 있는데 집 연통에 새가 앉았다.

"쪽쪽, 짹짹! 람파스크인지 밤파스크인지 하는 노인의 손자야! 네 집의 사방 구석에서 불이 났다."

그는 벌떡 일어나서 문으로 달려갔다. 문은 덜컹거릴 뿐이었다! 손자는 저 높은 하늘의 아버지에게 얇은 그물코의 갑옷을 달라고 빌기 시작했다.

"아버지, 갑옷을 내려 주세요. 칼을 내려 주세요!"

이 말이 끝나자마자 얇은 그물코의 갑옷이 쿵 하고 떨어졌다. 그러자 손자는 갑옷을 입고 칼에 기대서 펄쩍 뛰어나왔다. 그가 뛰어나오자 돌 눈의 일곱 용사가 어머니가 낳아 주신 대로 맨몸으로 서 있었다. 용마루 들보와 연통과 함께 하늘에 살고 있는 고결한 아버지가 그에게 검은 피로 가득한 찻잔을 부었고 그는 칼로 베기 시작했다. 얼마 동안 벴다. 그러다가 오른손에 무게감을 느꼈다. 땀을 닦으려고 멈췄다. 멈춰서 손을 보았다. 그의 아내가 손을 잡고 있었다. 그는 아내를 붙잡아서 꽉 눌러 가슴에 단 주머니 속에 밀어 넣었다.

그런 다음 도시를 돌아다녔고 돌 눈의 일곱 용사는 모두 도망쳐 달아났다. 그들에게서 머리카락 한 올이 떨어져 나왔고, 그들에게서 머리카락 두 올이 떨어져 나왔고[66] 그들을 뒤쫓기 시작했다. 오래인지 잠깐인지 달렸고 그들을 쫓아갔다. 그들은 땀을 닦으며 휘어진 나무 위에 앉아 있었다.[67] 손자는 활과 화살을 당겼다. 한 어깨로 당겨서 손을

---

66) 바싹 뒤쫓았다는 뜻이다.

놓았다. 돌 눈의 일곱 용사들이 한 화살에 꽂혔다. 그런 다음 그는 머리 가죽을 벗겼고 나무 꼭대기에 해골을 던져 버렸다.

“바람이 봄 갈매기, 가을 갈매기 자리의 너희에게 불어오리라.”[68]

그런 다음 계속 갔다. 길게 가고 짧게 가다가 해변에 도착했다. 가슴에 단 주머니에서 실꾸리를 꺼냈고 바다에 던졌다. 그가 건널 수 있는 다리가 나타났다. 손자는 바다 저편으로 건너갔고 실꾸리를 감아서 가슴에 단 주머니에 넣었다. 그런 다음 계속 갔다. 얼마 동안 걸었다. 눈이 오면 겨울을 떠올렸고, 비가 오면 여름을 회상했다. 오랫동안 걷고 짧은 시간 동안 걷다가 도시에 도착했다. 그의 할아버지는 폭삭 늙었고, 어머니도 폭삭 늙었고 백모들도 폭삭 늙었다.

그 후 그는 가슴에 단 주머니에서 아내를 꺼냈고 마루에 던졌다. 아내는 어른 키의 여인으로 서 있었고 키가 큰 여인이 되어 서 있었다. 그들은 온 마을을 위해 커다란 주연을 베풀었고 온 도시를 위해 커다란 주연을 베풀었다. 한 달을 먹고 일주일을 먹었다. 가난한 여인과 가난한 남자는 손가락

---

67) 용사들은 나무를 휘어서 그 위에 앉곤 했다.

68) 오브강 민속에서 희생제를 할 때 자주 접하게 되는 표현이다.

까지 핥으며 맛있게 먹었다. 지금도 그들은 화목하고 만족하게 살고 있다.

활개 치는 팔을 가진 사내와 타파르 여자의 아들들

'활개 치는 팔을 가진 남자와 타파르 여자의 아들들'이란 도시에 두 아들이 이럭저럭 살고 있었다. 큰아들한테는 아내가 없었고 작은아들한테는 아내가 있었다. 저 먼 땅 끝에서 마을만 한 커다란 부엉이가 내려와서[69] 낙엽송의 꼭대기에 앉아서 이쪽으로 흔들렸다가 저쪽으로 흔들렸다가 했다. 작은아들이 여자와 남자들이 가져가던 나쁜 쓰레기들을 고르다가 앉아 있을 때 부엉이의 털가죽에서 벙어리장갑 두 짝이 그에게 떨어졌다.

"수많은 땅 위에서 공포를 일으키는 갑옷을 입고 다니는 용사여, 네가 태어난 바로 그날 내가 태어났고, 내가 태어난 바로 그날 네가 태어났어요. 우리의 탯줄에서 나온 피는 한 곳에 떨어졌어요. 우리의 천상의 아버지, 우리의 천상의 어머니에 의해 우리는 함께 있도록 운명 지어졌어요. 만약 당

---

69) 부엉이의 형상으로 냔크 후슈 용사의 딸은 주인공에게 날아온다. 냔크 후슈는 오브강 유역에 위치한 도시다. '마을만 한 크기'는 '도시만 한 크기의, 마을만 한 크기의'의 축약형으로 한티족의 민속에서 무엇인가 매우 큰 것을 의미하기 위해 자주 사용되는 비교다.

신이 저를 아내로 맞으실 생각이라면 들끓고 있는 솥이 끓어 넘치기를 기다리지 마세요. 오래된 솥이 다 끓어 버리기를 기다리지 마세요.[70] 내 아버지, 피의 용사, 오래된 도시 냔크 후슈는 사모예드족 쪽 수많은 사내들에게 예물도 받지 않고 저를 시집보내려고 해요."

그는 한 손으로 부엉이의 가죽에서 나온 벙어리장갑 두 짝을 이리저리 돌려 보고 다른 손으로 또 돌려 봤다. 솔기를 어떻게 꿰맸는지 보이지 않았고, 어떻게 작업을 한 것인지 보이지 않았으며 원래 그런 모양으로 지어진 것 같았다. 그는 집으로 들어와서, 영혼의 눈처럼 어두운 안개 낀 밤에 이투성이 자리에 자려고 누웠고 벼룩투성이 자리에 자려고 누웠다.[71] 하지만 그는 잠을 잘 수가 없었고 어떻게 자기 형, 활개 치는 팔을 가진 사내와 타파르 여자의 아들에게 갈 것인지를 생각했다. 아침 여명이 밝았을 때 그는 형에게 갔다. 형의 제수이자 자신의 아내가 그가 도시 광장에 갔을 때 그가 내뱉은 첫 마디를 들었다. 두 번째로 한 말을 그녀는 개들이 누워 있던 장대로 만든 바닥이 깔린 출입구에 그가 들어

---

70) 즉 '미루지 마라' '시간을 낭비하지 마라'라는 뜻이다.

71) 주인공은 벌레들이 가득한 침상에 누운 듯이 잠들 수가 없었다는 것이다.

왔을 때 들었다. 세 번째로 그가 한 말을 그녀는 그가 훌륭한 널판마루 마룻장이 깔린 곳에 왔을 때 들었다. 그가 집으로 들어왔을 때 그의 형은 집안일을 하는 하녀에게 눈을 부릅떴다가 실눈을 떴다가 하며 깜박거렸다. 집안일을 하는 하녀가 맛있는 음식이 가득한 접시를 가져왔을 때 그는 손가락 끝으로 한 조각을 집었고, 손가락 끝으로 두 조각을 집었다. 형이 그에게 말했다.

"동생아. 네가 가져온 소식의 처음, 네가 가져온 말의 처음을 말해라."

동생이 말했다.

"마을만큼 크고 집처럼 커다란 부엉이가 날아와서 견고한 도시의 기둥에 앉았어요. 부엉이의 가죽에서 벙어리장갑 두 짝이 떨어졌어요. 솔기를 어떻게 꿰맸는지 보이지 않았고 어떻게 작업을 했는지 보이지 않았으며 원래 그런 모양으로 지어진 것 같았어요. 마을만큼 크고 집처럼 커다란 부엉이가 이렇게 말했어요. '수많은 땅 위에서 공포를 일으키는 갑옷을 입고 다니는 용사여! 우리 아버지 피의 용사, 늙은 냔크 후슈에게 머리를 깎은 용사들이 도착했어요. 머리를 깎은 중매인들이 도착했어요.[72] 사모예드족 쪽의 수많은 사

---

72) 색싯감을 찾기 위해 군사 원정이 준비되었기에 용사들은 동시에 중

내들에게 그는 어떤 예물도 받지 않고 나를 시집보내려 해요. 만약 당신이 저를 아내로 맞이하려는 생각이시면 들끓는 솥이 끓어 넘치기를 기다리지 마세요. 끓기 위해서는 시간을 요하는 솥이 다 끓어 버리기를 기다리지 마세요. 빨리 옷을 입고 빨리 오세요'라고요."

형이 그에게 말했다.

"온 도시에서 온 수많은 사내들, 온 지방에서 온 수많은 사내들을 함께 불러라. 한 가죽 띠에 묶인 일곱 마리의 사슴을 끌고 와서 그 사슴들을 견고한 도시의 기둥에 묶어라. 주연을 준비하는 희생의 손으로 거기에 희생물을 가져가도록 해라. 낯선 남자들의 물가에 원정을 가기 전에,[73] 수많은 봉에 사는 수백의 선한 영혼들을 거기로 부르고, 수많은 봉에 사는 수백의 산신령들을 거기로 불러서 등과 배를 위한 힘을 부탁하기 위해서."

동생은 집으로 가서 온 도시와 온 지방의 수많은 사내들을 용사들의 모임과 중매인들의 모임을 위해 예정된 커다란 장소로 불렀다. 그곳에는 일곱 마리의 사슴이 하나의 가죽 띠에 묶여 있었다. 온 도시와 온 지방에서 온 수많은 사내들

매인들이기도 했다.

73) '낯선 사람들이(남자들이) 사는 해변이나 물가에'라는 뜻이다.

이 거품이 이는 밀주를,[74] 구멍이 숭숭 일어 거품이 이는 맥주를 거기에 놓았다. 그들은 풀이 무성한 광장에 무릎으로 내려갔고 풀이 자란 광장에서 일어섰으며 희생을 각오한 손으로 거기에 섰고, 축제를 준비하는 손으로 거기에 있었다. 그들은 짐승 가죽을 벗겨서 고기를 삶았고 접시와 맥주를 대접했다. 그들은 용사들의 모임과 중매인들의 모임을 위해 예정된 커다란 건물로 들어가서 고기를 먹고 술을 마셨다.[75] 수많은 백발의 노인들은 연설을 시작했고 말을 시작했다.

"우리 도시의 공후 부인들과 우리 도시의 공후들이여! 어떤 먼 땅 끝에 대해 당신들은 생각하고 계십니까, 당신들의 연설을 시작해 보십시오. 세상의 어떤 먼 끝으로 머리 깎은 중매인들과 머리 깎은 용사들을 보내고 싶으십니까?"

동생이 말했다.

"우리는 피의 용사, 늙은 냔크 후슈의 도시로, 피의 용사

---

74) 밀주 맥주를 말한다.

75) 원정을 떠나기 전 희생제는 다음의 것들이 포함되었다. 처음에는 손에 제사 음식을 들고 무릎을 꿇은 용사들이 있는 광장에서 기도를 드리고 영혼들에게 대접을 한다. 그 후에 제사를 위해 죽인 동물 고기를 '회합의 집'에서 먹었다.

냔크 후슈의 작은딸을 위해 떠날 채비를 하고 있습니다."

백발의 수많은 노인들이 말했다.

"피의 용사, 늙은 냔크 후슈의 도시로 수많은 사내들이 떠났고, 그들이 보통 앉았던, 깊숙이 내려앉아 선미가 물에 잠긴 배들이 학 다리와 비슷한 느릅나무 말뚝에 부딪쳤을 때 배들은 한 뼘 높이의 사슴 이끼로 우거져 있었다.[76]"

동생이 말했다.

"만약 우리, 활개 치는 팔을 가진 남자와 타파르 여자의 두 아들이 피의 용사, 늙은 냔크 후슈의 도시로 떠나서 우리가 앉는 선미가 물에 잠긴 화물 배를 학 다리와 비슷한 느릅나무 말뚝에 부딪친다면 이 배는 어떤 식으로 한 뼘 높이의 사슴 이끼로 우거지게 될까요?"

동생은 일어나서 큰 자루에서 장작을 꺼내 세 개의 면을 잘랐고 도끼로 찍은 자리들로 자기 쪽으로부터 150명의 사내들을 표시했다. 아버지가 건강이 나빴던 곳은 아들들을 표시했고, 아들이 건강이 나빴던 곳은 아버지를 표시했다. 형도 큰 자루에서 장작을 꺼내서 세 개의 면을 잘랐고 도끼로 찍은 자리들로 자기 쪽으로부터 150명의 사내들을 표시했다. 아버지가 나빴던 곳은 그의 아들이 표시되었고, 아들

---

76) 죽었다는 뜻이다.

이 나빴던 곳은 그의 아버지가 표시되었다. 아버지가 표시되었던 곳에서는 아들이 울었고, 아들이 표시된 곳에서는 아버지가 울었다. 동생이 명령했다.

"아침 여명이 나올 때, 태양이 떠오를 때, 수많은 장대로 만들어진 선창에서 내려갑시다!"

도끼로 찍힌 자리로 표시된 수많은 사내들에게 동생이 말했다.

"깊은 잠을 자기 위해 안개 낀 장소에 누울 때 오랫동안 잠들지 마시오!"

영혼의 눈처럼 검은, 안개 낀 밤이 찾아들었고, 그들은 깊은 잠을 자기 위해 안개 낀 장소에 누웠다.

형이 깨어났다. 어디선가 걸어오는 용사의 발걸음 소리가 들렸다. 그는 현관으로 들어갔다. 만약 훌륭한 목수가 집을 지으면서 수많은 철근을 넣지 않았다면, 수많은 철근 조각을 넣지 않았다면, 현관 마룻장은 그의 무게를 지탱하지 못했을 것이다. 집으로 들어오면서 그의 형, 활개 치는 팔을 가진 남자와 타파르 여자의 아들이 말했다.

"동생아, 낯선 땅의 솟는 샘을 쟁취하려는 남자들, 타국의 물고기가 풍부한 샘을 쟁취하려는 남자들, 깊은 잠을 자기 위해 안개 낀 장소에 누웠던 남자들이 왜 그렇게 오랫동안 잔단 말이냐?"

형은 일어나서 집안일을 하는 하녀에게 눈을 부릅떴다 실눈을 떴다 했다. 하녀는 훌륭한 음식이 가득한 접시를 내왔다. 동생은 손끝으로 한 조각을 집었고 손끝으로 두 조각을 집었다. 동생이 말했다.

“금속제 물건들이 놓여 있는 수많은 창고와 여러 상품이 놓여 있는 수많은 창고에서 금덩어리, 은덩어리를 꺼내 놓고, 깊게 내려앉은 배에서 붉은 나사 천과 검은 나사 천을 던져 버리세요. 우리가 필요 없는 것들로 가득한 땅 끝을 알아보지 못하도록이요!”77)

형이 금속 제품들과 여러 상품이 있는 수많은 창고에 들어갔고, 이미 오래전에 그들이 차지했던 그 장소는 텅 비기 시작했다. 접시와 그릇 조각을 들고 다니는 사내는 이미 오래전에 금덩어리와 은덩어리를 배에 실었고 가득 채웠다. 그는 화려한 머리카락이 빠진 가리마가 있는 머리를 들어 올렸고 필요불가결한 갑옷을 입었고 마루를 걷기 시작했다. 그는 공후처럼 살았고 그는 귀족처럼 살았다. 그의 어린 자식들은 철에서 나오는 한기 때문에, 금속에서 나오는 한기

---

77) 한티족의 원본에는 ‘금’이란 단어 대신에 S. 팟카노프가 채록한 표현 ‘티티 은(серебро тить)’을 쓰고 있는데 이것은 가장 비싼 최상급 은을 말하는 것으로 그 은으로 성물(聖物)을 만들었다.

때문에 깜짝 놀랐다.

그가 마루에서 걸을 때 딛는 마룻장마다 테 모양으로 구부러졌다. 만약 훌륭한 목수가 마루를 만들 때 수많은 합석판을 깔지 않았다면, 그가 만약 수많은 철편을 깔지 않았다면, 마룻장은 그를 지탱하지 못했을 것이다. 집에서 일하는 하녀가 훌륭한 음식이 가득한 접시를 가져왔을 때 그는 손가락 끝으로 한 조각을 집었고, 손가락 끝으로 두 조각을 집었다. 그의 눈에서 일곱 뼘이나 되게 눈물이 흘렀고, 그의 눈에서 여섯 뼘이나 되게 눈물이 흘렀다.

"우리가, 타국인들의 풍성한 땅으로, 타국인들의 물고기가 풍부한 땅으로 출발하는 두 사내가 길게 땋은 머리채의 머리를 가지고 돌아올 수 있을까, 아니면 돌아오지 못할까? 팔다리를 가진 사내들로부터, 우리들로부터, 팔다리가 달린 우리의 영혼만이 활개 치는 팔을 가진 사내의 타파르 도시로 돌아오게 될까, 아니면 피가 넘쳐흐르는 우리의 머리 가죽들이 어떤 남자에 의해 어디선가 벗겨지게 될 것인가?"

그가 수많은 장대로 만든 선창으로 내려갔을 때 그는 목재로 잘 지어지고 풀이 잘 덮인 자신의 집들에, 벚나무숲으로 된 수많은 아치처럼, 버드나무숲으로 된 수많은 테처럼 구부려서 여러 번 공손히 절을 했다. 온 도시에서 온 수많은 사내들, 온 지방에서 온 수많은 사내들은 그러는 사이에 모여들었다. 동생이 보니 그가 보통 타고 다니는, 선미가 물에 잠긴 깊게 내려앉은 그의 배에 금덩어리와 은덩어리가 실려 있었다.

형도 선미가 물에 잠긴, 깊게 내려앉은 배에 앉아서 바라보니 그의 배에도 금덩어리와 은덩어리가 실려 있었다. 전쟁에 나가는 사내들이 강변에서 출항했고, 구혼하러 가는 사내들이 강변에서 출항했다. 집에 남은 백발의 수많은 노인들은 보통 용사들이 출항할 때 지르는 외침으로 커다랗게 소리쳤다. 작은 나무의 꼭대기까지, 큰 나무의 중간까지 그 소리가 닿았다. 그들이 두 번째로 소리치자 그들의 외침이 각양각색의 구름까지 닿았다. 세 번째로 소리치자 황금 세상의 아버지[78]한테까지 닿았다. 동생이 말했다.

"형, 들어 보세요. 이제 머리를 깎은 우리 용사들과 함께, 머리를 깎은 우리의 중매인들과 함께 나갑시다. 우리의 아버지, 황금 세상까지 우리의 외침이 닿을 거예요. 이제 우리를 위한 패배와 죽음의 날이 어디서 오겠습니까?"

그들은 가운데 가름대가 있는 손가락 모양의 노를 손가락 모양의 노를 저어 가기 위해, 선미가 물에 잠긴, 깊게 내려앉은 배에 탔다. 그들이 배를 타고 갈 때, 강 이편에 위치

---

78) 천신 토룸을 말한다.

한 일곱 봉에 사는 사내들과 아내들은, 강 저편에 위치한 일곱 봉[79]에 사는 사내들과 아내들은 지혜도 풍부하고 정성도 가득해서, 지나가는 용사들을 위해 거품이 이는 틈이 있는 자작나무 껍질로 만든 식기들과 테와 틈이 있는 자작나무 껍질로 만든 식기들을 내놓았다. 그들은 그런 장소를 지나면서 주민들에게 물고기를 잡아 행복을 선물했고 털가죽을 구해 행복을 선물했다. 여기서 그들은 거세한 사슴들을 희생물로 삼아 성대한 주연을 차렸다. 사람들의 지혜와 가슴이 부족한 곳에서는 여러 가지 질병을 퍼뜨렸다. 얼음처럼 차가운 고인들을 저 멀리 끌어냈고, 얼음처럼 차가운 고인들을 저 멀리 끌고 갔다. 그런 장소에서 그들은 자기들 뒤로 여자들의 시신과 남자들의 시신이 가득 놓인 광장들을 남겨두었다. 그들이 어떤 물길에 도착했을 때 수많은 백발 노인들이 말했다.

"전쟁에 나가는 장부들이여, 처녀를 중매하러 가는 사내들이여, 여기서 부드러운 음식[80]을, 풍성한 음식을 준비하게 하시오. 등을 위한 힘을 여기서 부탁할 수 있도록, 배를 위한 힘을 여기서 기도할 수 있도록, 음식과 맥주를 차려 놓

---

79) 수많은 봉들을 말한다.

80) 익힌 음식을 말한다.

게 하시오."

강변에 정박했다. 꽁꽁 언 수많은 사내들이 날카로운 날이 있는 예리한 철[81]을 손에 들고 왔고, 꽁꽁 언 수많은 사내들이 나무의 도움으로 불—여러 개의 혀를 가진 타른 처녀의 입[82]—을 피웠다. 굶주린 수많은 사내들이 철 손잡이가 달린 솥을 손에 들고 와서 부드러운 음식을, 풍성한 음식을 요리했고 접시와 자작나무 껍질 바구니를 차려 놓았다. 높이 솟은 수백의 봉들에 사는 선한 영혼들을 거기로 부르고, 수백의 봉들에 사는 산신령들을 거기로 불러서, 그들에게 등을 위한 힘을 부탁하고 그들에게 배를 위한 힘을 부탁하기 위해서였다.

백발의 수많은 사내들, 머리가 센 수많은 사내들이 여기서 이틀을 보내야만 한다고, 여기서 사흘을 보내야만 한다고 말했다. 거기서 이틀을 보냈고 거기서 사흘을 보냈다. 전쟁을 위해 집합할 날이 왔고 결혼을 위해 차려입을 날이 왔다. 동생이 형에게 말했다.

"형님의 백오십 명의 남자들에게 값비싼 신발과 값비싼

81) 도끼를 말한다.

82) 옛날에 한티족은 판자 깊은 곳에 나무 막대기를 박아 회전시켜서 불을 얻었다. '타른 처녀'는 불의 영혼을 말한다.

옷을 입히시오. 나도 백오십 명의 남자들에게 값비싼 신발과 값비싼 옷을 입히겠소. 우리가 피의 용사, 냔크 후슈 노인의 도시에 도착하면, 우리 중 누가 용사인 줄 알 수 없도록 하고, 우리 중 누가 범부인지 알지 못하게 해서 용사를 용사로 대접하지 않게 하기 위해서요. 우리가 두 구비를 지나고 세 구비를 지나면 피의 용사, 냔크 후슈 노인의 저지가 보이게 될 것이오. 우리 앞에 눈으로 다 보지도 못하는 너무나도 드넓은 저지가 펼쳐져서 마치 거기서 하늘과 땅이 맞닿은 곳 같을 거요."

가고 또 가다가 뒤를 바라보니 거기엔 검은 실이 늘어져 있는 것 같았고 앞을 보니 거기에도 검은 실이 늘어져 있는 것 같았다. 또 가고 앞으로 가니 그들 앞에 피의 용사, 늙은 냔크 후슈의 도시가 나타났다. 그들은 원시안으로 발견했고 예민한 귀로 들었다. 그들은 자기의 공후에게 말했다.

"피의 용사, 늙은 냔크 후슈여, 공후로서 우리 말을 들어주세요! 우리 쪽으로 머리를 깎은 용사들이 다가오고 있어요. 우리 쪽으로 머리를 깎은 중매인들이 다가오고 있어요!"

피의 용사, 늙은 냔크 후슈가 수많은 장대로 만들어진 선창으로 내려갔을 때, 머리를 깎은 용사들이 실제로 다가오는 것을, 머리 깎은 중매인들이 실제로 다가오는 것을 발견했다. 그의 아들, 말들을 붙들어 매는 이, 사슴들을 서리 앉은 기둥에 붙들어 매는 이가 강변으로 내려갔고 바라보며 말했다.

"들어 보세요, 아버지. 우리 쪽으로 머리 없는 결혼식 손님들, 되돌아올 수 없는 결혼식 손님들[83]이 다가오고 있어요."

활개 치는 팔의 남자와 타파르 여자의 공후의 동생이 그러는 사이에 드넓은 목청으로 좁은 목청으로 휘파람을 부르면서[84] 도시로 접근했다. 그는 이리로 돌아서고 저리로 돌아섰다. 날렵한 몸통의 물고기처럼 그는 선미가 물에 잠긴, 깊게 내려앉은 배에서 이쪽으로 구부러졌고, 저쪽으로 구부러졌으며, 가지고 있는 계략과 책략을 모두 보여 주었다.

그들은 선창으로 다가왔다. 화살 사정거리 내의 강변에 다가오자 동생은 활 끝을 땅에 세우고 강변으로 뛰어내렸고, 마치 이 도시의 토박이 주민이었던 것처럼, 마치 이 지방의 토박이 주민이었던 것처럼 무사태평한 젊은이로서 앞으로 걸어갔다. 용사들의 모임을 위해 예정된, 피의 용사, 냔크

---

83) 청혼을 위한 원정은 전쟁으로 끝나는 경우가 많았고, 용사들은 타국에 자신들의 머리를 남기는 경우가 많았기에 약혼녀를 구하러 가는 여정을 여기서는 '머리 없는, 되돌아올 수 없는'이라고 칭했다.

84) 아주 용맹스럽게 휘파람을 불었다는 의미다.

후슈 노인의 커다란 집으로, 중매인들을 위해 예정된 커다란 장소로 그들은 초대되었다. 그들에게는 물을 길으러 오기 위한 여인을 주었고, 솥을 끓이기 위한 여인을 주었고, 장작을 패기 위한 남자를 주었다. 그들을 위해 부드럽고 풍성한 음식을 요리해서 그들을 먹였고 마시게 했다. 드넓은 땅 위에서 공포를 일으키는 갑옷을 입고 다니는 용사가 말했다.

"형제여, 우리가 가져온 그 소식, 우리가 가져온 그 말, 이 소식의 처음, 이 말의 처음을 거기로 보냅니다!"

동생이 말했다.

"멀리서 도착한 우리를 덮고 있는 서리를 녹입시다. 우리가 영혼의 눈처럼 검은 안개 낀 밤을 보낼 때, 여명이 막 나타날 때, 태양이 떠오를 때, 그때 그들에게 우리의 소식, 우리의 연설을 보냅시다."

한쪽에서 한 사내가 누울 때마다, 다른 쪽에서 한 사내는 밤을 새우고, 잠자는 사내가 깨자마자 밤을 새운 사내는 눕는다. 그들이 알지 못하는 낯선 지방에서, 낯선 강에서 공포가 그들을 휩쌌다. 먼동이 트기 시작했을 때 그들은 그 지방에서 한 사내를 불렀고 소식을 전하기 위해 도착한 이들 중에서 한 사내를 파견했다. 그들은 피의 용사, 늙은 냐크 후슈에게 가서 말했다.

"피의 용사, 늙은 냔크 후슈여, 용사로서 우리의 말을 들으시오, 사내장부로서 우리의 말을 들으시오. 머리 깎은 용사들이 당신께 왔소이다. 머리 깎은 중매인들이 당신께 왔소이다. 피의 용사, 늙은 냔크 후슈의 작은딸에 대해, 처녀에 대해 당신은 무슨 말씀을 하시렵니까, 당신은 무슨 생각을 하십니까? 이 소식을, 이 말을 우리에게 설명해 주시오!"

노인이 앉아 있다가 말했다.

"피의 용사, 노인 냔크 후슈의 딸, 유골로 변한 처녀를 오래전에 이미 나는 장사 지냈소. 짐승도 갈 수도 없었을 너무나 먼 나라로, 내 소식을, 내 말을 누가 당신들에게 전할 수 있었을까요, 당신의 소식을, 당신의 말을 누가 내게 전달해 줄 수 있었을까요? 이런 내 소식, 내 말을 그들에게 전해 주시오."

그들은 되돌아가서 말했다.

"피의 용사, 늙은 냔크 후슈의 작은딸, 처녀의 유골로 변한 몸은 이미 오래전에 대지에 묻혔습니다."

활개 치는 팔을 가진 사내와 타파르 여자의 두 아들은 말했다.

"만약 유골로 변한 그녀의 몸이 매장되었다면, 삽을 든 사람 열 명과 도끼를 든 사람을 열 명 보내 달라고 해라. 우리는 그녀를 파내고, 가져온 금덩어리와 은덩어리, 그녀를 위해 예정된 값비싼 실크와 값비싼 은실금실 비단을 그녀의 무덤에 넣겠노라. 그러면 그녀의 수천 개 뼈의 훌륭한 관절들이 어머니가 낳아 준 그 모습으로 사라져 버릴 것이다. 이 소식을 피의 용사, 냔크 후슈 노인에게 전해라."

그에게 이 말을 전했다. 피의 용사 냔크 후슈는 머리를 숙이고 계속 앉아 있다가 말했다.

"나의 둘째 딸, 피의 용사 냔크 후슈의 처녀는 아직 엄마 젖을 빨고 있다네."

이 소식을 저쪽으로 전했다. 활개 치는 팔을 가진 사내와 타파르 여자의 두 아들은 말했다.

"활개 치는 팔을 가진 사내의 우리 타파르 도시에는 은발 여자들이 수없이 많고 백발 여자들이 수없이 많으니 처녀가 거기서 젖을 먹고 처녀가 거기서 숟가락으로 우유를 먹게 하면 된다오."

이 소식을 피의 공후, 냔크 후슈 노인에게 전했다.

그는 말했다.

"내 작은딸, 피의 용사 냔크 후슈의 처녀의 자라고 있는 손 관절 마디가 아직 튼튼해지지 않았고 자라고 있는 다리 관절 마디가 아직 튼튼해지지 않았다네."

활개 치는 팔의 사내와 타파르 여자의 두 아들은 말했다.

"그녀의 자라고 있는 손 관절 마디, 그녀의 자라고 있는 다리 관절 마디는 우리가 직접 거기서 자라게 하겠소."

피의 용사, 냔크 후슈 노인이 양보했다. 그는 말했다.

"나의 중매인들은 모두 삼백여 명이오. 이리로 오시오. 나는 당신들 중 누가 공후이고, 당신들 중 누가 범부인지 알지 못하오. 공후들 대신에 범부를 세워 놓지 말고 범부 대신에 공후들을 세워 두지 마시오."

중매인들은 이 소식을 되돌려 보냈다.

"당신은 이 도시 태생이오. 당신은 이 마을 토박이요. 당신에게 필요한 모든 것은 준비된 모습으로 가지고 있소. 그렇지만 낯선 고장 물고기의 원천지 옆에 위치한 마을에서 온 우리는 필요한 것이 준비되지 않았소."

활개 치는 팔을 가진 사내와 타파르 여자의 두 아들은, 어떤 곳까지가 그들 몫으로, 붉은 나사 천으로 길을 깔고 검은 나사 천으로 길을 깔아야 하는지를 알기 위해서, 용사 부대 전체의 수많은 사내들에게, 중매인들 무리의 수많은 사내들에게 피의 용사, 냔크 후슈 노인의 집들과 그들 집들 사이의 거리를 재도록 명령했다. 말을 붙들어 매는 이, 사슴을 서리 앉은 기둥에 붙들어 매는 이에게 그의 아버지가 명령했다.

"들어라, 내 아들아, 너의 두 중매인은 가죽이 두터운 죽음의 땅에, 가지가 무성한 땅에 가기를 원치 않는구나. 그러니 네가 네 몫으로 해당된 공간을 붉은 나사 천으로, 검은 나사 천으로 깔거라."

이후에 중매인들에게 소식이 전해졌다.

"나의 중매인들이여, 오시오!"

활개 치는 팔을 가진 사내와 타파르 여자의 작은아들은 삼백 명의 중매인 무리와 함께 예비 장인의 집을 향해 나섰다. 그가 직접 앞에서 걸어갔고 어깨에 칼을 매달았다. 피의 용사 냔크 후슈 노인은 자기 백성에게 말했다.

"용사들이 걸어와야만 하는, 중매인들이 걸어와야만 하는 좋은 길을 차지하시오. 만약 약혼자가 결혼식 상황에 서툴다면 그가 걸어가야만 할 길을 차지할 줄 모를 것이오. 만약 그가 결혼식 상황에 경험이 많다면, 그는 그가 걸어가야만 하는 길을 따라 서슴없이 걸어올 것이오."

그는 자신의 백성들과 함께 중매인들의 몫으로 할당된 장소까지 걸어갔다. 사람들은 걸어가야만 했던 길을 정말로 완전히 차지하고 있었다. 그는 검을 잡고 휘두르기 시작했다. 칼이 사내의 손에 닿으면 사내가 조각이 나서 날아갔고 사내의 다리에 닿으면 사내가 조각이 나서 날아갔다. 백성은 두 쪽으로 나뉘었고, 걸어갈 수 있는 길이 만들어졌다. 그들은 자신들 중매인들의 집으로 갔다.[85]

---

85) 약혼녀의 친척들을 말한다.

예비 장인은 아들과 함께(그들의 중매인들) 거리로 나왔고 일곱 번을 부둥켜안았고 여섯 번을 부둥켜안았고 키스하고 쓰다듬었다. 그들의 손을 잡고 집으로 이끌었다. 맥주와 함께 식탁을 차렸고 꿀과 함께 식탁을 차렸다. 그들은 맥주를 마셨고 꿀을 먹었다. 형제는 피의 용사, 늙은 냔크 후슈를 머리부터 발끝까지 쳐다보기 시작했다. 그도 형제를 발끝부터 머리까지 훑어보기 시작했다. 약혼자에게 훌륭한 음식이 가득한 접시를 보냈다. 약혼자는 손가락 끝으로 한 조각을 집었고, 손가락 끝으로 두 조각을 집었다. 그는 옷을 입고 예복을 갖춘 후 비단 수건으로 눈을 꽉 동여맸다. 사람들이 그의 손을 잡고 예비 장인의 집으로 데려갔다.

그는 집으로 들어갔다. 그 앞에는 작은 종들이 달린 커튼이 걸려 있었고 방울들이 달린 휘장이 걸려 있었다. 휘장 입구에는 백발의 노파가 앉아 있었고 은발의 노파가 앉아 있었다. 그가 입구의 휘장 끝을 잡고 세 번 흔들었다. 노파가 휘장 입구를 열어 주었다. 그는 노파에게 금덩어리, 은덩어리를 주었다. 그는 휘장 안으로 들어가서 아내를 껴안고 키스했다. 집안일을 하는 하녀가 훌륭한 음식이 가득한 접시를 가져오자 그는 손가락 끝으로 한 조각 집었고 손가락 끝으로 두 조각 집었다. 이 집에 있던 사람들은 밖으로 나갔고 집은 텅 비었다. 그녀의 남편은 힘줄이 앙상한 그녀의 여윈 목에 다섯 손가락의 손을 얹었다. 그의 아내가 그를 저리 밀쳐냈다. 조금 지난 후에 그는 또다시 다섯 손가락의 손을 그녀의 목에 얹었고 아내가 또다시 밀쳐냈다. 그는 조금 앉아 있다가 세 번째로 그녀에게 다섯 손가락의 손을 얹었다. 그의 아내가 독설을 퍼붓기 시작했고 가시 돋친 말들을 하기 시작했다. 그녀의 남편이 말했다.

"지금 당신은 독설과 가시 돋친 말들을 하는군요. 활개치는 팔을 가진 사내의 타파르 시에서 당신은 도시만 한 크기의 거대한 부엉이의 모습으로, 마을만 한 크기의 거대한 부엉이의 모습으로 단단한 도시의 기둥에 앉아서 부엉이의 가죽에서, 솔기를 어떻게 꿰맸는지 보이지 않고 어떻게 지었는지 알 수가 없었던 벙어리장갑 두 짝을 던졌소. 당신은 이렇게 말했소. '당신이 태어난 날에 내가 태어났고, 내가 태어난 날에 당신이 태어났어요. 우리 배꼽에서 나온 피는 한 곳에 떨어졌어요.' 왜 당신은 짐승도 닿지 못할 나라에 온 남편인 나를 기만하고 있는 거요? 내가 쓸데없이 금덩어리, 은덩어리를 낭비하게 만들었소? 독설과 가시 돋친 말을 하는 여자인 당신을 피가 철철 흐르게 두 조각으로 잘라 버리겠소!"

그의 아내가 말했다.

"당신 안에 살아 있는 영혼이 있거나, 당신 안에 살아 있는 멘크브(менкв)[86]가 있는 거군요. 저는 평범한 신발을 신고 다니는 여자이고, 평범한 옷을 입고 다니는 여자일 뿐이에요. 피의 용사, 늙은 냔크 후슈의 작은딸을 사모예드[87]족 쪽의 수많은 사내들에게 데려간 지 이미 일주일이 지났어요."

그의 형이 귀담아들었다. 어떤 장소에서 용사들이 오고 있는 소리가 퍼져 나갔으며 가죽 같은 단단한 대지, 서리 낀 대지에서 옷소매 끝이 떨려 오기 시작하고 옷자락 끝이 떨리기 시작했다.[88] 그는 현관으로 들어갔다. 만약 훌륭한 목수가 그 집을 지을 때 수많은 철 띠를 깔지 않았다면, 수많은 철판을 깔지 않았다면 현관 마룻장은 그의 무게를 지탱하지 못했을 것이다. 그는 문으로 다가가서 문을 잡았고 그리고 문고리를 붙잡아 열기 시작했고 걸쇠와 문에 있던 모든 것과 함께 문을 잡아 뜯어 저쪽에 세워 놓았다. 그는 집으로 들어가서 활개 치는 팔을 가진 사내와 타파르 여자의 아들인 자기 형에게 말했다.

---

86) 멘크브, 멘크 이키는 숲에 사는 신화적 존재이자 식인 거인이다.

87) 사모예드는 네네츠족의 옛 이름이다.

88) 가죽 같은 대지, 서리 낀 대지는 흔한 형용구이지만, 한티족의 관념에서 대지의 영혼은 여성이다.

"집안일을 하는 하녀들이 활개 치는 팔을 가진 사내의 타파르 도시에는 없단 말인가? 훌륭한 관절의 손힘을 가진 사내인 내가 집안일을 하는 하녀와 살았단 말인가?[89] 피의 용사 냔크 후슈의 작은딸을 사모예드족 쪽 수많은 사내들에게 데려다준 지가 이미 일주일이 지났다. 파도가 씻어 놓은 평평한 모래 위에 그녀는 이렇게 썼다. '사모예드족의 수많은 사내들에게 나의 손을 부러뜨리고 나의 다리를 부러뜨려서 나를 데려갔어요. 활개 치는 팔을 가진 사내와 타파르 여자의 두 아들이 찾아오면 그들에게 끓고 있는 솥이 다 끓기를 기다리지 말라고 하고, 오래된 솥이 끓어 넘치기를 기다리지 말라고 하세요.'"

그는 꿈을 떨쳐 버리고 일어났다. 그는 용사들의 모임을 위해 예정된 커다란 집으로 출발했고 자신의 용사들과 중매인들에게 명령했다.

"배를 강변에 띄우시오!"

그들은 강으로 내려가서 배에 타고 출항했다. 약혼자는 예비 장인에게 말했다.

"에이, 장인어른, 장인으로서 내 말을 들으시오! 우리가

---

89) 주인공은 공주 대신에 하녀를 아내로 준 것에 화가 났으며 하녀와 결혼하는 것은 그의 위엄에 맞지 않는다고 생각한다.

머리채가 달린 머리로 돌아올 때쯤 마디 굵은 손으로 장인 도시의 썩어 버린 낡은 장소에 새로운 말뚝 울타리를 새 장작으로 세워 놓으시오."

그의 장인은 대답으로 소리쳤다.

"내 중매인들이여, 중매인들로서 내 말을 들으시오. 당신들의 머리 가죽을 사모예드족의 수많은 사내들이 벗겨 내도록 그들에게 헛되이 가져가지 마시오. 머리채가 달린 당신들의 머리와 함께 집으로 돌아갈 수 없을 것이오."

동생이 돌아섰다.

"에이, 장인어른, 피의 용사, 늙은 냔크 후슈의 도시를 지나고 날카로운 몸통을 가진 물고기처럼 구비구비 돌아서 그런 모양으로 남게 하겠소."[90]

형이 그에게 말했다.

"내 형제야, 활개 치는 팔의 사내와 타파르 여자의 아들아. 네가 피의 용사 냔크 후슈의 도시를 매끈한 배를 가진 비드라[91]처럼 구비구비 도는 동안, 사모예드족 수많은 사내들은 지금 있는 장소에서 그물 길이만큼 도망갈 것이고 어망 길이만큼 도망칠 것이다."

---

90) 주인공은 장인의 도시를 파괴하겠다고 위협하고 있다.

91) 강에서 서식하는 수달의 한 종류다.

그러자 동생은 다시 뒤로 돌았다. 그들은 배에 타고 손가락 같은 노를 저어서 사모예드족 수많은 사내들을 향해 가기 시작했다. 두 공후는 뱃머리의 물속에 노를 내렸다가 선미에서 빼냈다. 노가 물에서 만들어 낸 구멍에서는 일주일 내내 수많은 농어와 황어들이 모여서 물이 들끓었다.

그들은 가고 또 가서 사모예드족 사내들의 다리로 다져진 길이 있는 장소 옆에 정박했다. 사모예드족 사내들의 수많은 아들들의 깊게 내려앉은 선미의 배들은 거기에 뒤엎어져 있었다. 그들도 자기들의 배를 강변으로 끌어가서 뒤엎었고 걸어서 갔다. 동생은 모자를 머리에서 벗어 던졌고 모자는 뻐꾹새 모습[92]으로 날아가서 자취를 감추었다. 사모예드족의 수많은 사내들이 불(탸른 처녀의 혀가 많은 입) 옆에 누워서 자고 있었다. 앞에, 잣나무 옆 휘장 속에는 두 명의 사모예드족 용사들이 누워 있었다. 사모예드족 노인 소스토룸[93]에게는 다른 잣나무 뿌리 옆에 자기 휘장이 있었다. 이 휘장 안에 그는 피의 용사 냔크 후슈의 작은딸을 가두어

---

92) 뻐꾹새의 모습은 머리 위에 또는 머릿속에 사는 영혼 중 하나다. 이 새는 '정수리의 새'라고도 불린다. 주인공은 약혼녀가 있는 곳을 알아내기 위해 새를 보냈다. 이후 뻐꾹새는 전령의 역할을 한다.

93) 이름을 번역하기 어렵지만 한티어에서 소스는 '족제비'를 뜻한다.

두었다. 정수리 삐꾹새는 되돌아와서 이런 모든 말을 했다.

동생은 용사 부대의 수많은 사내들에게 자신의 결혼 원정을 구성하고 있는 수많은 사내들에게 말했다.

"나의 삼백 명의 사내들, 당신들이 나아갈 때 먼지도 안 나게 하고 풀도 흔들리지 않게 하시오!"

그는 그들이 가는 것을 귀담아들었다. 정말로 먼지도 안 나고 풀도 흔들리지 않았다. 그는 말했다.

"사모예드족 수많은 사내들은 부싯돌을 쳐서 불을 피워 연기 나는 구멍이 있는 수많은 술잔과 연기 나는 구멍이 있는 수많은 자작나무 껍질 식기를 올려놓았소. 술잔의 끝에 걸리지 말고 자작나무 껍질 식기의 끝에 걸리지 마시오!"

그들은 거기로 갔고 정렬했다. 그들에게 다음과 같이 명령했다.

"모기 소리도 내지 마시오. 어떤 일도 있어도 움직이지 마시오!"

동생은 형과 함께 거기로 갔다. 그는 말했다.

"소스 토룸 노인의 휘장은 저기 잣나무 밑동 옆에 있소. 거기에 피의 용사, 냔크 후슈의 작은딸을 가두어 놓았소. 저곳을 훔치시오. 다른 휘장에는 두 명의 사모예드 용사가 있는데, 나는 거기로 가겠소."

형은 몰래 거기로 출발했다. 그가 소스 토룸 노인의 휘장까지 갔을 때 노인이 자기 아내와 싸우는 소리를 들었다. 그의 아내는 말했다.

"나는 처녀예요. 내 순결한 처녀의 허리띠를 검은 나무숲에서 당신에게 풀게 하지는 않겠어요. 우리가 사모예드족 사내들이 사는 성스러운 도시에 도착하면 거기서 내 순결한 처녀의 허리띠를 푸세요. 수많은 은발의 노파들, 수많은 백발의 노파들이 나에게 연기 나는 구멍이 있는 술잔을 주고 내게 금덩어리, 은덩어리를 줄 거예요."

그들은 휘장으로 달려들었고, 그들이 방향을 돌리는 쪽 구석으로 넘어졌다. 사모예드족 용사의 다리가 다른 구석으로 향하자 오스탸크족 공후는 그 다리들을 칼로 쳤고 무릎을 잘랐다. 탸른의 얼굴과 물고기의 얼굴을 본[94] 수컷 족제비는 휘장의 뒤쪽에서 밖으로 튀어 나갔고 소리쳤다.

"흑담비 팔다리 자르듯이 내 팔다리를 흉포하게 잘랐다. 내가, 훌륭한 관절의 손힘과 훌륭한 다리 힘을 가진 사내인 내가 피의 용사, 늙은 냔크 후슈의 작은딸과 관계를 맺지 않았던 동안은 나도 용사이고 나도 사내였다. 어디서 내 패배의 죽음의 날이 내게 도래할 수 있었겠는가!"

소스 토룸 노인은 도망쳤다. 다른 휘장에서 무슨 일이 벌

---

94) 불과 물을 지나갔다는 뜻이다.

어졌는지, 그 후에 무슨 일이 생겼는지 오스탸크족 용사는 알지 못했다. 그는 소스 토룸 노인을 뒤쫓아서 그를 따라 뛰어갔다. 그가 도망칠 때 서리가 사방에서 날아들었다. 적을 뒤쫓아 잡을 수 없다는 것을 알고 그는 신에게 열심히 기도하기 시작했다.

"황금 세상, 아버지여, 왜 당신은 사모예드족이 가야만 할 길에 참나무숲으로 덮인 언덕을 내리지 않으십니까?"

아버지-신이 숲이 무성한 언덕을 내렸다. 사모예드는 다리가 없어서 걸어갈 수가 없었다. 용사는 그 뒤를 따라잡아서 반으로 베어 버렸다. 몸통의 아랫부분은 땅에 떨어져서 그 장소에 남았고 몸통의 윗부분은 계속 갔다. 그는 그 윗부분을 추적했지만 따라잡을 수가 없었다. 사방에서 서리가 날아들었다. 또다시 그는 참나무로 덮인 언덕을 땅에 또다시 내려 달라고 아버지-신께 기도했다. 아버지-신은 참나무숲으로 덮인 언덕을 그에게 내렸다. 사모예드의 잘린 몸통은 걸어갈 수가 없었다. 형은 뒤쫓아 와서 그의 목을 쳤다. 어깨가 떨어져서 그 자리에 남았지만 머리는 또다시 앞으로 움직이기 시작했다. 그가 아무리 그 머리를 뒤쫓아가도 따라잡을 수가 없었다. 또다시 그는 아버지-신께 참나무숲이 무성한 언덕을 부탁했다. 신은 그에게 참나무숲을 내렸다. 사모예드의 머리는 갈 수가 없었다. 나무에 걸리면 뒤로 굴러갔다. 머리는 신께 여자와 남자의 피가 흐르는 시냇물을 구하는 기도를 하기 시작했다. 그러자 그 머리에게 시냇물이 선사되었다. 오스탸크 용사가 머리를 치려고 하자 머리는 물을 튀기면서 시냇물에 빠졌다. 오스탸크는 시냇물가에서 있었다. 사모예드의 머리는 시냇물 구비의 끝에서 표면으로 나와서 말했다.

"수많은 땅 위에서 공포를 일으키는 갑옷을 입고 다니는 용사여, 왜 너는 짐승도 도달하지 못하는 이 나라로 왔느냐? 나는 너에게서 도망쳐서 수백의 계략을 꾸미고 수많은 책략을 써서 피가 흐르는 내 머리 가죽을 숨겼다. 만약 네가 물에 들어온다면, 밝은 세상에 사는 사내인 너는 수십 년을 들어오게 될 것이다. 만약 집으로 돌아가고 싶다면 머리채가 달린 머리를 가지고 너희 집으로 돌아가라. 나에게 이르려면 사모예드족의 수많은 사내들이 여기에 내게 바쳐진 술잔을, 내게 바쳐진 자작나무 식기들을 가져오게 하고, 여기에 희생물로 꼬리가 긴 개들을, 털북숭이 개들을 데려오게 하라.[95] 네가 머리채가 달린 머리를 집 쪽으로 돌리면 모여든 아내들과 모여든 남편들로 가득한 집에서, 소스 토룸 용사

---

95) 한티족에게 개는 사슴과 함께 희생제에 사용되는 동물이다. 어쩌면 소스 토룸의 말은 그가 영혼이 되었다는 것을 의미한다.

에게서 피가 흐르는 머리 가죽을 벗겨 냈다고 말하지 마라.”

집으로 돌아와서 그는 머리채가 달린 머리를 뒤로 돌리고 떠났다. 그러는 사이 사모에드족의 수많은 범부들은 그의 나라의 평범한 용사들과 싸우고 있었다. 용사들은 사모에드족의 수많은 사내들 중 반을 조각조각으로 잘라서 죽였다. 그의 삼백의 사내들은 모두 다리가 멀쩡했고 모두 걸어 다녔다. 그는 싸우기 시작했고 피의 용사, 냔크 후슈의 작은 딸은 그에게 매달렸다. 그의 손은 무거워졌고 그의 다리도 무거워졌다. 그는 소리쳤다.

“황금 세상, 나의 아버지여, 정말 범부들이 내게서 피가 흐르는 머리 가죽을 벗기도록 예정하셨단 말입니까?”

피의 용사 냔크 후슈의 작은딸은 말했다.

“수많은 땅 위에서 공포를 일으키는 갑옷을 입고 다니는 용사여, 당신의 형제, 활개 치는 팔을 가진 사내와 타파르 여자의 아들은 살아 있는 영혼의 살아서 태어난 두 아들과 함께 떠났단 말입니까? 그는 살아 있는 머리칼로 갔습니까, 아니면 죽은 머리칼로 갔습니까? 왜 당신은 그의 화살의 부러진 손잡이를 잇고 그의 화살의 뜯어진 깃털을 바꾸러 가지 않습니까?”

그는 떠났다. 가면서 산림지대를 맞닥뜨리면 나무를 도끼로 찍어 길을 내어 앞으로 갔다. 아무것도 없는 깨끗한 장소를 만나면 세 아르신 깊이로 땅을 발로 파면서 걸어갔다. 그는 가고 또 가다가 갑옷 자락이 끌려서 나는 절거덕거리는 소음을 들었다. 그는 성긴 숲의 다른 쪽에서 일어나서 키가 큰 나무 몸통 뒤에 숨었다. 활의 끝만이 그의 눈에 뜨이지 않게 밖으로 삐죽이 나와 있었다. 거기서부터 그의 형제가 그에게 말했다.

"전쟁의 길에 나가려는 사내, 결혼의 길에 나가려는 사내여, 학의 목만 삐죽 나오고 자신은 숨었구나."

그는 자신의 형제와 만났다. 형이 말했다.

"너는 살아 있는 영혼의 살아서 태어난 두 아들과 함께 떠났는데 무슨 일을 했으며 어떻게 행동했느냐?"

동생이 말했다.

"내가 사모예드족의 두 용사와 힘을 겨룰 때 나도 그들을 죽일 수가 없었고 그들도 나를 죽일 수가 없었습니다. 우리는 서로서로에게 맹세를 한 후 반대쪽으로 헤어졌습니다. 맹세는 여자의 일생을 두고 서로 싸움에 나서지 말고 남자의 일생을 두고 서로 싸움에 나서지 말자는 것이었습니다. 우리 중 누가 이 맹세를 어기면 피가 흐르는 그의 머리 가죽을 벗기게 될 것입니다!"

형이 말했다.

"사모예드는 꼬리 잘린 개나 마찬가지다. 자기 영혼을 보존하고 싶을 때는 무슨 맹세인들 못 하고, 무슨 다짐인들 못 하겠냐! 개같은 사모예드들을 가서 죽이자!"

동생은 말했다.

"맹세를 깨뜨릴 수는 없어요. 사모예드가 맹세를 깨뜨리고 싶다면 그렇게 하라고 하죠 뭐!"

그들은 집으로 돌아가려고 머리채가 달린 머리를 뒤로 돌렸다. 피의 용사, 늙은 냔크 후슈의 작은딸을 데리고 갔다. 그들은 배 쪽으로 가서 손가락과 비슷한 노를 저어 가기 위해 올라탔다. 남편과 아내가 앉아 있었다. 아내의 목에 남편의 손이 얹어 있으면 남편의 목에 아내의 손이 얹어 있었고 노를 저어 파도를 헤치며 그들을 데려갔다. 피의 용사, 늙은 냔크 후슈의 도시가 보이기 시작했을 때 그들의 원시안이 알아차렸으며 그들의 민감한 귀가 들었다. 그들은 말했다.

"피의 용사, 늙은 냔크 후슈여, 용사로서 우리의 말을 들으시오. 사내로서 우리의 말을 들으시오. 사모예드의 수많은 사내들과 함께 떠났던 두 용사는 머리채가 달린 머리를 여기에 돌려놓기 위해 배를 돌렸다오."

피의 용사, 늙은 냔크 후슈는 아들인 서리 낀 기둥에 말들을 붙들어 매고 사슴들을 붙들어 매는 이와 선창으로 내려왔다. 그들은 그 용사들이 딸을 도로 데려온 것을 보았다.

아내의 목에는 남편의 손이 얹어져 있었고, 남편의 목에는 아내의 손이 놓여 있었다. 조금 가다가 키스를 했고 또 조금 가다가 또다시 키스를 했다. 피의 용사, 냔크 후슈 노인의 눈에서 일곱 뼘 길이의, 여섯 뼘 길이의 눈물이 흘렀다.

그의 형제, 활개 치는 팔의 사내와 타파르 여자의 아들이 화살이 닿을 수 있는 거리로 다가왔을 때, 그는 활의 끝을 땅에 박고 강변으로 뛰어내렸다. 그는 형제에게 말했다.

"피의 용사, 늙은 냔크 후슈의 도시를 나는 밑으로 떨어지기도 하고 평평하게 되기도 하는 발로 뛰어 지나갈 것이다. 선미가 물에 잠긴, 깊게 내려앉은 배에서 강변으로 나가지 마라. 그러지 않으면 내 분노는 가시지 않을 것이고 내 악의가 지나가지 않을 것이다. 내 용사 부대를 타이르기 시작하는 것이 아니지 않느냐!"

그는 허리띠에 수사슴의 어깨뼈만 한 커다란 도끼를 찔러 넣고 자기의 활과 화살을 잡았다. 도시는 훌륭한 관절이 발달한 손의 도움으로 새로운 나무로 된 울타리로 둘러싸여 있었다. 그가 기어서 통과하기에 충분한 틈을 도끼로 찍어 파내었다. 피의 용사, 늙은 냔크 후슈는 아들과 함께 밖으로 나왔다. 서리 낀 기둥에 말을 붙들어 매고 사슴을 붙들어 매는 이, 그의 아들은 활시위에 화살을 끼웠고 시위를 당겨 쏘았다. 도끼질을 하는 사내의 두 어깨뼈 사이에 곧바로 떨어져서 그의 화살은 숟가락 장인이 틀 위에서 구부려 만드는 나무처럼 구부러졌다. 냔크 후슈, 피의 용사의 눈에서 일곱 뼘 길이의, 여섯 뼘 길이의 눈물이 흘렀다. 두 번째로 그는 활시위에 화살을 끼웠고 당겨 쏘았다. 화살은 또다시 도끼질하는 사내의 어깨뼈 사이에 곧바로 떨어졌고 그의 화살은 숟가락 장인이 틀 위에서 구부려 만드는 나무처럼 구부러졌다. 피의 용사, 늙은 냔크 후슈는 도시의 성문에서, 마을의 성문에서 대성통곡하기 시작했다. 그의 아들은 세 번째 화살을 활시위에 끼웠고 당겼다. 그 활에서 나온 바람으로 온 마을의 쓰레기 더미가 쓸려 나갔고, 온 도시의 수많은 쓰레기가 모두 쓸려 나갔다. 도끼질하는 사내의 어깨뼈 사이에 곧바로 맞은 후 화살은 숟가락 장인의 틀 위에서 나무가 휘어지듯이 심하게 구부러졌다. 화살의 손잡이가 쪼개졌고 어린아이들의 장난감처럼 산산이 부서졌다. 그의 형, 활개 치는 팔을 가진 사내와 타파르 여자의 아들은 말했다.

"에이, 중매인이여, 중매인의 말을 들으시오! 당신의 깃털 많은 화살, 풀 달린 화살96)이 내 부드러운 가슴에 떨어졌을 때, 고작 모기가 문 것처럼 느꼈을 뿐이다. 왜냐하면 나는

---

96) 깃털이나 풀은 화살을 제조할 때 사용되지 않았기에, 주인공이 적의 화살의 위력을 과소평가하기 위해 사용한 말이다.

오랫동안 보관하고 있던, 오브강의 오스타크한테 가져온 녹슨 그물 조각[97]을 입고 있기 때문이다. 활개 치는 팔을 가진 사내와 타파르 여자의 도시에 있는 윗 갑옷과 소매를 공급받았다면 나는, 당신의 깃털 많은 화살, 풀 달린 화살을 전혀 느끼지 못했을 것이다. 만약 당신의 깃털 많은 화살, 풀 달린 화살이 내 부드러운 가슴에 떨어진 것을 그래도 느꼈다면, 기뻐서 내 머리 위에서는 황금 뿔[98]이 자라났을 것이다."

그는 활을 집어 화살을 끼웠고 활을 당겨서 쏘았다. 활시위에서 나온 바람으로 마을의 수많은 쓰레기가 한곳으로 쓸려갔고, 도시의 수많은 쓰레기가 무더기로 쓸려갔다. 피의 용사, 늙은 냔크 후슈의 어깨뼈 사이에 곧장 떨어진 화살은 그를 집 벽 쪽으로 끌고 가서 그는 거기에 깊이 박혀 버렸다. 이 노인은 움직일 수도 없었다. 그는 다른 화살을 활시위에 끼웠고 쏘았다. 서리 낀 기둥에 말을 붙들어 매고 사슴을 붙들어 매는 이의 어깨뼈 사이에 곧바로 떨어졌고, 화살은 그를 집 벽 쪽에 끌고 가서 그도 거기에 깊이 박혀 버렸다. 그도 움직일 수가 없었다. 화살들이 그들을 쏘았지만 그들에

---

97) 구멍 난 갑옷을 말하는 것으로 주인공은 고기 잡는 그물과 비교하고 있다.

98) 황금 뿔은 기쁨과 행복의 상징이다.

게 떨어진다 해도 그들에게 맞지 않았다. 피의 용사, 냔크 후슈 노인의 온 도시와 온 마을의 수많은 사내들이 밖으로 나와서 화살들을 잡아 뺀 다음 손을 잡아 그들을 데려갔다. 그들은 자기 중매인의 발 앞에 쓰러져 용서해 달라고 애원하기 시작했다. 그들의 중매인은 이틀 동안 그들을 누워 있게 했고, 사흘 동안 그들을 누워 있도록 했다. 피의 용사, 냔크 후슈의 작은딸이 와서 그의 팔을 껴안고 그의 다리를 껴안고 말했다.

"시아주버니, 활개 치는 팔을 가진 사내와 타파르 여자의 아들이여, 내가 당신을 내 가슴에서 난 젖으로 먹이지 않았지만, 당신, 나의 시아주버니는 뿔로 양육되었습니다. 내가 한 마디만 할 테니 이 한 마디를 들어 주세요. 내가 두 마디만 할 테니 이 두 마디를 들어 주세요. 나는 공후의 혈통이고 황제의 혈통이기 때문이에요. 당신이 활개 치는 팔을 가진 사내의 타파르 도시로 출발해서, 구슬로 장식한 값비싼 옷도, 금속 세공품으로 장식된 값비싼 당신의 옷도 다 헐게 하고, 만약 당신이 내 육친들과 형제들의 피가 흐르는 머리 가죽을 벗겨서 나를 천애 고아로 만든다면, 당신이 데려온 삼백의 용사 부대는 누가 값비싼 신발을 신기며 값비싼 옷을 입히고, 누가 내게 약혼녀에게 하듯이 예복을 입혀 줄 것이며, 누가 값비싼 신발과 값비싼 옷을 가져다주겠어요?"

중매인은 그때 그들을 들어 올렸고 그들은 껴안고 키스했다. 용사의 장인은 그들을 불러서 말했다.

"온 도시를 위해 대주연을 베풉시다, 온 마을을 위해 대주연을 베풉시다."

그들은 그에게로 왔다. 거기서 온 도시를 위해, 온 마을을 위해 대주연이 베풀어졌다. 한 달에 아무리 많고 긴 주일들이 있었어도 그들은 먹고 마셨다. 부유한 여자, 부유한 남자는 손가락 끝으로 한 조각 집었고, 두 조각 집었으며 조금 먹고 물러났다. 가난한 여자, 가난한 남자는 한 달에 아무리 많고 긴 주일들이 있었어도 먹고 마셨다.

처녀의 주연이 끝났을 때, 소년의 주연이 끝났을 때 용사들의 진격의 날이 도래했고, 중매인들의 출발의 날이 도래했다. 피의 용사, 냔크 후슈의 노인은 말했다.

"내 중매인들이여, 중매인의 말을 들으시오! 나는 일곱 강, 여섯 강의 원천 옆에서 살고 있는데, 어디서 당신들의 삼백 용사들을 신기고 입힐 값비싼 신발과 값비싼 옷을 구한단 말이오? 값비싼 신발과 값비싼 옷을 나는 강변으로 보내겠소. 끓고 있는 솥이 다 끓을 때까지만 기다리시오, 오래 끓고 있는 솥이 끓어 넘칠 때까지만 기다리시오."

그들은 이틀을 보냈고, 사흘을 보냈다. 드넓은 땅 위에서 공포를 일으키는 갑옷을 입고 다니는 용사가 그의 동생에게 명령했다.

"용사들의 진격의 날, 중매인들의 출발의 날이 오면, 네 아내가 자기 머리카락을 붙잡고 마룻장으로 뛰어가서 자기 아버지에게 삼백 명이 먹을 수 있는 일곱 손잡이 달린 솥을 달라고 하라고 네 아내를 가르쳐라. 우리가 선창에 도착해서 배에 탈 때가 오면 네 아내가 머리카락을 붙들고 땅으로 달려가서 자기 아버지에게 삼백 명이 숨을 수 있는 은으로 된 지붕 널빤지를 요구하게 해라."

용사들의 진격의 날, 중매인들의 출발의 날이 도래했다. 그의 아내는 자기 머리카락을 움켜쥐고 마룻장으로 뛰어가서 말했다.

"아버지, 저는 타지를 먹이는 원천으로 향하기 위해 갑니다. 저는 타지의 물고기 원천을 찾아 갑니다. 제 배 속에 딸을 가지게 될지, 배 속에 아들을 가지게 될지 모르겠지만요, 제가 활개 치는 팔을 가진 사내의 타파르 도시에 도착할 때 백발의 수많은 여자들과 은발의 수많은 노파들은 저에게 전쟁에 나갔던 곳, 청혼하러 갔던 곳에서 무엇을 가져왔는지 물을 거예요. 아버지, 만약 아버지께서 제게 일곱 손잡이가 달린 솥을 주신다면 저는 갈 것이고, 주시지 않는다면 피가 철철 흐르는 저를 도끼로 찍어 두 동강이 나게 하세요."

아버지의 눈에서 일곱 뼘 길이로, 여섯 뼘 길이로 눈물이 흘렀다. 그는 말했다.

“딸아, 왜 너는 악의를 품고 두 쪽으로 된 옥좌에 앉으려 하느냐? 너는 피의 용사, 냔크 후슈의 도시를 파괴하고 뒤엎으려 하는구나.”

그는 스무 명의 사내들에게 명령했다.

“가서 일곱 손잡이가 달린 솥을 해변으로 가져와라.”

스무 명의 사내들은 가서 일곱 손잡이가 달린 솥을 해변에 가져왔다. 중매에 나섰던 사내들은 강으로 내려와서 배에 타려고 했지만 이때 약혼녀가 자기 머리카락을 붙잡고 파도에 씻긴 매끄러운 모래에 뛰어들었다.

“아버지, 저는 배 속에 딸을 가지게 될지, 배 속에 아들을 가지게 될지 모르겠지만요, 용사들의 부대와 중매인들의 부대가, 활개 치는 팔을 가진 사내의 타파르 도시에 도착하는 날이 오면, 백발의 수많은 여인들, 백발의 수많은 남자들이 활개 치는 팔을 가진 사내의 타랍스크 도시에서 저에게 ‘피의 용사, 냔크 후슈의 딸아, 훌륭하구나! 아버지 집에서 가져온 것을 이리 다오!’ 이렇게 물을 거예요. 아버지, 그때 저는 무엇을 주어야 하나요? 내게 삼백 명이 숨을 수 있는 은으로 된 지붕 널빤지를 주세요. 그러면 저는 갈게요. 주시지 않는다면 피가 철철 흐르는 저를 도끼로 찍어 두 동강 나게 하세요!”

그녀의 아버지는 도시의 성문까지 들리도록, 마을 대문까지 들리도록, 대성통곡을 하기 시작했고 은으로 된 지붕 널빤지를 가져오도록 명령했다. 스무 명의 남자들이 가서 널빤지를 가져다가 강변으로 가져갔다. 그들은 중매인들과 껴안고 키스했으며 작별 인사를 하고 배에 타서 목청껏 휘파람을 불었다가 작은 소리로 휘파람을 불었다 하면서 출발했다.

가고 또 가서 돌이 많은 오브강의 굴러가는 조약돌에까지 도착하게 되었다. 강을 가로질러서 매머드와 괴물들로 된 제방이 빽빽하게 건축되어 있었다.[99] 동생은 그가 타고 있는, 선미가 물에 잠기는, 깊이 내려앉은 배에서 노를 저었다. 매머드로 된 둑을 통과해서, 괴물들로 된 둑을 통과해서 겨우 돌파할 수 있었다. 그는 뒤로 돌아서 말했다.

"형, 형도 형이 타고 있는, 선미가 물에 잠기는, 깊게 내려앉은 배에서 뱃머리 쪽으로 잘 벼려진 노를 들어 올려. 커다란 노를 들어 올려."

형도 매머드와 괴물로 된 둑을 통과해서 겨우 빠져나갔다. 평범한 용사들이 타고 있던 배들은 바닷속으로 뒤집혔고 그들을 매머드와 괴물들이 먹어 치워 버렸다. 드넓은 땅

---

99) 물의 괴물들이 배가 항해하지 못하도록 강을 메워 놓은 것이다.

에 공포를 불러일으키는 갑옷을 입고 다니는 용사는 말했다.

"형, 매머드와 괴물로 된 이 둑을 무너뜨려 버립시다. 아니면 어떤 여자도, 어떤 남자도 돌이 많은 오브강의 굴러가는 조약돌의 표면을 따라 항해할 수 없을 겁니다."

둘은 강변으로 나와서 약혼녀 위로 일곱 손잡이가 달린 솥을 엎어 놓고 그것을 은으로 된 지붕 널빤지로 덮었다. 그들은 일곱 바닥 깊이의 성스러운 물로 들어가서 칼을 휘두르기 시작했다. 매머드의 조각들과 괴물들의 조각이 물결로 흐르기 시작했다. 그들은 매머드와 괴물로 된 둑을 무너뜨렸고 배에 타서 손가락 같은 노를 젓기 시작했다.

쿠노바트섬에서 숲의 나무만큼이나 많은, 초원의 풀만큼이나 많은 적의 부대가 소집되었다. 강변에 정박했고 여자를 은으로 된 지붕 널빤지로 씌웠고, 일곱 손잡이가 달린 솥으로 덮었다. 그들은 갑옷을 입었고 눈을 단단히 둘러 묶고[100] 싸우기 시작했다. 그들은 칼을 이쪽으로 휘둘렀고 그들은 칼을 저쪽으로 휘둘렀다. 적들은 수백의 봄 풀 무더기같이, 수백의 가을 풀 무더기같이 쓰러졌다. 그들은 적들을 베었고 격퇴했다. 전에 맹세를 하고 떠났던 사모예드의 두

100) 주인공들은 위험의 순간에 보통 이렇게 행동했다.

용사도 거기에 있었다. 오스탸크 용사들이 그들에게 말했다.

"사모예드족이여, 당신들은 그렇게도 위대한 맹세를, 그렇게도 위대한 다짐을 했다! 그런데 왜 또다시 싸우러 왔느냐? 사모예드는 꼬리 잘린 개와 마찬가지란 말인가. 목숨을 연장하고 싶으면 어떤 맹세도, 어떤 다짐도 한단 말인가!"

또다시 싸움을 시작했다. 오스탸크의 용사들은 그들의 검은 살과 그들의 검은[101] 뼈들을 베어서 내던졌지만 그들은 계속해서 이전 모습을 되찾았다. 비록 그들이 적들을 베어 내던지더라도, 그들은 계속 또다시 부활했다. 활개 치는 팔을 가진 사내와 타파르 여자의 아들의 형은 정수리에서 모자를 벗어서 던졌다.

"가서, 화살의 부러진 손잡이들을 새것으로 바꾸고 뜯어진 화살의 촉을 새로 만들도록 피트 포우 노인과 눔 노인[102]을 불러와라."

뻐꾸기는 날아가서 피트 포우 노인에게 소식을 전하고

---

101) '검은'이란 말은 '나쁜, 추악한'이라는 뜻도 된다.

102) 이 인물들이 어떤 사람들인지는 알려져 있지 않다. 다만 콘다강의 상류('눔'이란 말은 '위'라는 뜻이다)에 살고 있는데 용사들을 도우러 강어귀로 내려온다는 사실만이 알려져 있다.

날아가서 눔 노인에게 도착해서 아궁이의 위 구멍에 앉아서 삐꾹삐꾹 울었다. 노인은 앉아서 화살 손잡이를 깎으며 '도대체 무슨 삐꾸기가 울어 대는 것일까?' 생각하며 이 소리를 들었다. 삐꾸기가 말했다.

"활개 치는 팔을 가진 사내와 타파르 여자의 두 아들이 사모예드 두 용사 때문에 너무 고통을 받아서 겨우 살아 있으며 죽음에 가까워졌다."

눔 노인은 채비를 하고 배에 생기 없는 음식을 실었고, 선미가 물에 잠기는, 깊게 내려앉은 배에 타서 출발했다. 도중에 피트 포우 노인이 그의 배에 올라탔다. 두 노인은 노를 젓기 시작했고 배가 만들어 내는 거대한 물결이 강의 후미와 모래를 지나갔다. 그들은 콘다강 어구에 도착했다. 콘다강 어구의 신령들인 노파와 노인이 그들에게 말했다.

"우리는 겨울에도 살았고, 우리는 여름에도 살았지만 이런 일은 보지를 못했소. 어떤 용사, 어떤 장사들이란 말이오? 어떤 위대한 분노, 어떤 위대한 악의를 품고 간단 말이오?"

그들은 물 표면으로 나왔다.

"눔 노인, 피트 포우 노인이여, 당신들은 어디로 갑니까?"

"쿠노바트섬으로 갑니다. 거기에 활개 치는 팔을 가진 사내와 타파르 여자의 두 아들이 너무 고통을 받아서 겨우 살아 있고 죽음에 가까워졌답니다. 우리는 그들의 등에 힘을 더해 주러 갑니다. 우리는 그들의 배에 힘을 더해 주러 갑니다."

콘다강 어구의 노인들은 서로 상의하더니 이렇게 결정했다.

"우리도 출발해서 쿠노바트섬을 물에 밀어 넣어 사모예드 용사들을 모두 먹어 버립시다."

그들은 길 떠날 채비를 했다. 그들은 강의 후미에 부딪쳤고 모래를 망가뜨렸다. 눔 노인과 피트 포우 노인이 쿠노바트섬에 도착했을 때 소식을 전했던 뻐꾸기는 오브강을 막 날아왔다. 활개 치는 팔을 가진 사내와 타파르 여자의 두 아들은 강변에 있는 그들에게 내려와서 말했다.

"얼마나 대단한 용사들을 우리가 만났는지요, 얼마나 대단한 장사들을 우리가 마주한 건지요! 사모예드 두 용사를 우리가 베어서 내던지면 저 멀리 나가떨어진 그들의 살과 저 멀리 나가떨어진 그들의 뼈들이 이전의 자리로 돌아와서 우리는 그들을 죽일 수가 없답니다."

눔 노인이 말했다.

"다시 싸움을 시작하시오. 우리가 보겠소."

그들은 또다시 싸우기 시작했다. 정말로 그들은 사모예드족을 베었고 내던졌지만, 떨어져나갔던 그들의 살과 떨어져나갔던 그들의 뼈가 또다시 살아났다. 늙 노인은 뛰어가서 사모예드들이 서로서로에게 던졌던 가죽 자루를[103] 집었고, 두 사내들의 힘이 빠졌을 때 형제들에게 그 자루를 던지면서 말했다.

"발로 차고 짓밟으시오."

두 사모예드들은 풀이 자라는 평야에서 무릎을 딛고 풀이 자라는 평야에 다리를 쭉 펴고 일어나서 말했다.

"공주와 황제들의 아들들이여, 우리를 죽이지 마시오. 우리에게 악을 행하지 마시오. 우리가 딸을 낳는다면 서로서로 싸우지 않을 것이고, 우리가 아들을 낳는다면 서로서로 싸우지 않을 것이오. 여자의 일생을 두고, 남자의 일생을 두고 서로 싸우지 않겠다고 맹세합시다."

형이 말했다.

"사모예드는 꼬리 잘린 개와 마찬가지더냐. 생명을 연장하고 싶을 때는 어떤 맹세도, 어떤 다짐도 다 한단 말인가!"

그들은 땅에 가죽 자루를 던졌고 발로 차고 짓밟았다. 사모예드들은 땅에 쓰러져서 저절로 죽었다. 그들은 불에 태웠다. 남쪽의 바람이 일어나서 그들의 재를 북쪽으로 실어

---

103) 가죽 자루에는 그들의 영혼이 들어 있었고 그렇기에 그들은 다시 살아났던 것이다.

갔고 북쪽의 바람이 일어나서 그들의 재를 남쪽으로 실어 갔다.

그들이 싸웠던 곳에서 가져왔던 모든 금속 제품과 털가죽 제품을 노인들과 반으로 나누었다. 그들은 되돌아갔고 콘다강 어구의 노인들을 만났다. 용사들은 그들에게 말했다.

"강변으로 나오세요. 어디 가시는 겁니까?"

노파와 노인은 말했다.

"우리는 쿠노바트섬으로 간다오. 활개 치는 팔을 가진 사내와 타파르 여자의 두 아들이 너무나 고통을 받아서 겨우 살아 있고 죽음에 가까웠다오. 우리는 쿠노바트섬으로 출발해서 그 섬을 물에 밀어 넣고 사모예드들을 모두 먹어 치울 거요."

"노인 양반들이여, 뒤로 돌아가세요. 우리가 활개 치는 팔을 가진 사내와 타파르 여자의 두 아들을 이미 태워 가는 중이오."

노파와 노인은 뒤로 돌아갔다. 그들은 콘다강 어구에 도착했다. 노인들은 그들을 강변으로 초대했다. 그들은 맥주와 꿀을 마셨다. 두 형제는 그들의 몫으로 정해진 전리품을 노인들과 함께 둘로 똑같이 나누었다. 그들은 집으로 출발했다. 활개 치는 팔을 가진 사내와 타파르 여자의 두 아들의 온 도시와 온 마을의 수많은 사내들이 강변으로 내려왔다. 도시인들이 그들을 맞이했고 껴안았고 키스했다. 그들은 온 도시를 위해, 온 마을을 위해 대주연을 베풀었다. 부유한 여자와 부유한 남자는 손가락 끝으로 음식 한 조각을 집었고, 손가락 끝으로 음식 두 조각을 집고는 떠났다. 가난한 여자와 가난한 남자는 한 달이 아무리 많고 길어도 먹고 마셨다. 피트 포우 노인과 눔 노인은 자기 땅으로 떠날 채비를 했다. 온 도시의 수많은 사내들이 온 마을의 수많은 사내들인 그들을 껴안고 키스했다. 그들이 획득했던 재산과 부유로 그들은 이제 살아갈 것이고 앞으로도 살아갈 것이다.

이 이야기를 들은 수많은 사내들은 물고기를 잡는 행운을 위해 이 이야기를 듣도록 하고 털가죽을 얻을 행운을 위해 듣도록 해라.

손 후슈 도시의 용사들

손 후슈라는 커다란 도시에 우리는 살고 있습니다.

이 도시 변방에 단단한 관절을 가진 다리의 어떤 사나이가 자랐을까요?

손 후슈라는 사내, 힘센 용사, 우리 아버지가 거기서 자랐지요.

땅의 일곱 변방에 긴 댕기 머리의 아가씨들한테 훌륭한 예물을 가지고 청혼하러 갔습니다.

신이 창조한 성스러운 대지 위의 수많은 나라들을 다닌 후에,

그가 가 보지 않았던 육지나 바다가 한 곳이라도 있을까요.

그가 암흑의 호수 가장 먼 끝[104]까지 도달해서

팔이 긴 수많은 악마들과의 싸움에 나갔을 때,

그는 그들 속에

그들의 죽은 아버지들을 위해 자신에 대한 강한 증오심을 불러일으켰습니다.

---

104) 즉 지하세계에 도착했다는 뜻이다.

세상의 일곱 끝 지방에서 그는 일곱 처녀를, 일곱 부인을 데려왔습니다.

일곱 처녀나 일곱 부인들로부터도, 어떤 여인한테서도

활에 익숙한 손에 활을 쥐고 있는 용사 아들이 태어나지 못했고,

바늘을 쥐고 손가락 끝으로 일하는 처녀 딸이 태어나지 못했습니다.

이후에 곰 가죽과 사슴 가죽으로 된 윗도리를 입은 자신의 톤흐[105]에게,

솔밭이 있는 강 쪽에서 그는 털가죽 상품이 가득한 일곱 창고를 바쳤으며,

활엽수가 있는 강 쪽에서 그는 털가죽이 가득한 일곱 창고를 그에게 바쳤습니다.

바람은 밖으로 삐죽 튀어나온 담비 꼬리들을[106] 봄 찻잎 껍질처럼 키질을 했습니다.

바람은 밖으로 삐죽 튀어나온 다람쥐 꼬리들을 가을 찻잎 껍질처럼 키질을 했습니다.

그는 늙고 구부러진 지금, 뿌리째 넘어진 나무 사이에 떠

---

105) 톤흐는 누미, 룬크라고도 하며 영혼이나 영혼의 형상을 말한다.

106) 창고가 털가죽으로 가득해서 삐죽이 튀어나왔다는 말이다.

있는 배의 벌레 먹은 구멍에 마른 풀을 받쳐 놓아야 했습니다.[107)]

이후에 그는 불을 붙였습니다.

솔밭이 있는 강 쪽 일곱 창고의 수많은 털가죽을

그는 불 속에 처넣었고,

활엽수가 있는 강 쪽 일곱 창고의 수많은 털가죽을

그는 불 속에 처넣었습니다.[108)]

곰 가죽과 사슴 가죽으로 된 윗도리를 입은 늙은 톤흐에게,

갑옷을 입은 다섯 사내가 다가왔을 때,

곰 가죽과 사슴 가죽으로 된 윗도리를 입은 톤흐는 자신과 함께 가죽 같은 땅을 흔들기 시작했습니다.[109)]

그때 힘센 용사, 손 후슈 노인은 격분해서 직접 거기로 갔고,

곰 가죽과 사슴 가죽으로 된 윗도리를 입은 톤흐의

---

107) 용사가 늙어서 편리한 필수품이 필요하다는 뜻이다.

108) 노인은 아이들을 주지 않았다는 이유로 선물들과 함께 영혼(톤흐의 영혼)을 불태우려 한 것이다.

109) 영혼은 땅속에 깊이 박히고 밖으로 가면을 쓴 기둥의 모습을 취했다. 남자들에게는 땅에서 그 기둥을 빼낼 힘이 부족했다.

아름다운 머리카락이 무성하게 자란 머리를 붙잡아서,

불 속에 처넣었습니다.

그러나 불 속에서,

톤흐는 수컷 족제비처럼 튀어나와 저쪽으로 떨어졌습니다.[110)]

갑옷을 입은 다섯 명의 사내는 도착했을 때 철 몽둥이와 철 쐐기를 가져왔다. 그의 엉덩이에 철 쐐기를 박고 그 쐐기를 철 몽둥이로 때리자 그는 나뭇조각처럼 두 동강으로 쪼개졌다. 그를 위의 밑바닥에 음식을 넣듯이 불 속에 처넣었다. 첫 번째 연기가 위로 올라갔고, 그는 거친 음식 조각처럼 황금 세상 아버지의 목 가운데 걸려 버렸다. 그러자 황금 세상 아버지는 자기 아들, 수없이 순례하는 자, 수없이 방랑하는 사내에게 말했다.

"철 사슬의 끊어지지 않는 밧줄을 타고 이승의 가죽 같은 땅으로 내려가거라."[111)]

그래서 수없이 순례하는 자, 수없이 방황하는 사내, 그의 아들은 땅으로 내려왔다. 힘센 용사, 손 후슈의 노인은 불 옆

---

110) 한티족의 관념에서는 영혼의 모습을 태울 수는 없다.

111) 천신은 사슬이 묶인 요람에 태워 자기 아들을 내려보냈다.

에 서서 그쪽으로 등을 돌렸다가 가슴을 돌렸다가 했다. 신의 아들, 수없이 순례하는 자, 수없이 방황하는 사내는 이렇게 말했다.

"여기는 분노와 악의 때문에 무슨 일인가가 일어난 것 같습니다. 내 황금 세상 아버지의 목구멍에 거친 음식 조각처럼 연기가 걸렸습니다."

손 후슈의 노인, 힘센 용사가 말했다.

"곰 가죽과 사슴 가죽으로 된 윗옷을 입은 내 톤흐에게 나는 강의 솔숲 편에 있는, 털가죽 제품이 가득한 일곱 창고와 강의 활엽수 편에 있는, 털가죽으로 가득한 일곱 창고를 바쳤습니다. 그럼에도 내게는 활에 익숙한 손에 활을 쥐고 있는 용사 아들도 태어나지 않았고, 바늘을 쥐고 손가락 끝으로 일하는 아가씨 딸도 태어나지 않았습니다. 이 때문에 저는 톤흐를 불에 처넣었습니다."

수없이 순례하고 수없이 방황하는 사내, 신의 아들은 또다시 황금 세상 아버지에게로 올라가서 거기로 두 번 접은 소식을 가져갔다. 황금 세상, 그의 아버지는 그에게 버찌 씨만 한 알곡 세 개를 주었고, 힘센 용사, 손 후슈 노인에게 주어 그의 사랑하는 아내가 그 알곡을 먹도록 했다. 신의 아들, 수없이 순례하고 수없이 방황하는 사내는 손 후슈 노인에게 버찌 씨만 한 알곡 세 개를 주었다. 용사는 사랑하는 아내에게 그것을 먹으라고 주었다. 그러자 그녀의 게걸스러운 배 한쪽에서 황금빛 비단으로 실꾸리 같은 것이 돌돌 뭉쳐졌다. 여자들이 태아를 임신하듯이 음력으로 10개월을 임신했다.[112] 마침내 그녀는 여자가 아이를 낳는 나무 밑동[113]에서 해산했다. 거기서 그녀는 활에 익숙한, 손에 활을 든 용사 아들을 낳았다.

우리가 대도시 손 후슈의 가죽 같은 땅에 살았을 때, 죽음의 영혼은 거대한 군대와 함께 우리에게 닥쳤다. 얼음처럼 차가운 시체들, 차가운 고인들로부터 날아온 소음이, 거위들이 꽥꽥거리는 소리처럼, 오리들이 꽥꽥거리는 소리처럼 크게 울려 퍼지는 날이 아직 도래하지 않았다. 힘센 용사, 손 후슈의 노인도 높은 베개를 베고 열병으로 누워 있었다. 그는 일주일을 누워 있다가 죽었고 곰팡이 슨 옷을 입은 수많은 고인들 사이에서 사라져 버렸다. 이 도시의 수많은 사내들은 그의 몸을 도시의 초입에 묻었다. 그에게서 태어났던 활에 익숙한 손에 활을 든 용사 아들은 자라기 시작했지만

---

112) 한티족은 28일로 된 음력으로 계산한다.

113) 출산하는 동안 여성은 부정하게 간주되어서 격리되었다. 아마도 옛날에는 그런 장소가 나무 밑동이었던 것 같고, 이후에는 전문적인 '작은 집'이 등장했다.

단단하지 못한 손을 가진 아직 소년이었기에 죽어서 곰팡이 슨 옷을 입은 수많은 고인들 사이에서 사라졌다. 도시의 수많은 사내들은 그의 몸을 도시의 초입에 묻었다.

한번은 이 아이가 저세상에서 배가 고팠다. 힘센 용사, 손 후슈 노인은 그에게 말했다.

"내가 살았던 부유한 사내의 집으로 가서 일하는 하녀에게 가라. 그녀가 영혼이 살고 있는 밝은 나무의 일곱 틈으로 너를 알아볼 것이다."[114)]

이 소년, 활에 익숙한 손을 가진 용사가 나무로 지어진 도시의 중심으로 들어갔는데, 더러운 입을 가진 수많은 개들이 그의 두꺼운 장딴지 힘줄을 마치 피가 나는 뼈라도 되는 듯이 덥석 물었다. 그가 집으로 들어갔을 때 집에서 일하는 하녀는 심하게 하품을 했다.[115)] 하녀는 마님에게 말했다.

"진흙 같은 눈을 가진 올레니야 사모옛카 마님, 좋은 음식으로 가득한 식기를 가져다 놓으세요. 활에 익숙한 손에 활을 든, 손이 큰 사내의 아름다운 영혼이 사슬을 타고 집으로 내려왔어요."

---

114) 추측으로 알아본다는 뜻이다.

115) 한티족의 관념으로는 저세상에서 사람이 오면 하품이 나게 된다고 한다.

그녀가 그를 위해 훌륭한 음식이 가득한 식기를 가져다 놓았을 때, 그녀는 세 절로 된 굴곡이 있는 애도가를 짓기 시작했다.[116] 활에 익숙한 손에 활을 든 그녀의 아들은 손가락 끝으로 음식 조각을 집었지만, 그것이 거친 음식 조각처럼 목구멍에 가로로 걸렸고 소년은 큰 소리로 외쳤다.[117] 활에 익숙한 손을 가진 그녀의 용사 아들은 도시의 광장으로 나와서 황금 세상, 아버지께 기도하기 시작했다. 수없이 순례하고 수없이 방황하는 사내, 신의 아들은 가까이에 서 있었다. 신의 아들, 수없이 순례하고 수없이 방황하는 사내는 말했다.

"사시나무로 만든 무덤에 가지 마라, 낙엽과 풀이 뒤덮인 좁은 오솔길을 따라 도시의 초입을 지나가라. 네가 방목하는 동안에 사슴의 혀처럼 에돌아갔던 나무 없는 늪지대 밀림에 도착하면 빨간 머리 부분을 가진 엉겅퀴로 변하거라. 이후에 백 명의 자녀를 낳은 벌거벗은 배의 암컷 올레니야가 빨간 머리 부분을 가진 엉겅퀴가 된 너를 음식을 넣듯이 자기 배에 넣을 것이다."

---

116) 아마도 세 부분으로 된 기도문 노래를 말하는 것이다.

117) 아이의 영혼은 어머니의 집에 다시 정주하고 싶지만 인간의 음식을 먹을 수가 없다.

낙엽과 풀이 뒤덮인 좁은 오솔길을 따라 나는 걸어갔고 사슴의 혀처럼 에돌아갔던 나무 없는 늪지대 밀림의 가장자리 부근에서 나는 빨간 머리 부분을 가진 엉겅퀴로 변했고, 백 명의 아이를 낳은 벌거벗은 배의 암컷이 먹었다. 그러자 백 명의 아이를 낳은 벌거벗은 배의 암컷 배에서 황금빛 비단으로 된 값비싼 실꾸리 같은 것이 돌돌 말렸다. 여자들이 임신하듯이 음력의 10개월을 그녀는 우리를 임신했고, 우리, 세 용사, 세 형제는 오스탸크족의 이 세상에 나타나게 되었다.

모든 것을 서리 속에 유지하는 긴 겨울이 왔다. 메추리 부리만 한 얼음 알갱이와 함께 두꺼운 얼음층이 생겨났다. 그런 다음 녹았다가 얼어붙었던 눈으로부터 도끼로 찍어도 끄떡없을 얼음층이 형성되었다. 백 명의 아이를 낳은 벌거벗은 배의 암컷은 자기 아이들에게 말했다.

"너희의 긴 귀로 짧은 소식을 들으렴. 신이 내려보낸, 옆구리에 서리가 낀 철의 늑대가 우리를 떠나도록 만드는구나."

이렇게 신이 내려보낸, 옆구리에 서리가 낀 철의 늑대는 우리를 놀라게 해서 우리는 도망쳤고 걸음아 날 살려라 하고 도망쳤다. 백 명의 아이를 낳은 벌거벗은 배의 암컷은 피곤해서 부드러운 눈으로 뛰어들었다. 우리가 사슴이 숨도 쉬지 않고 뛰어 지나갈 수 있는 공간을 뛰어 지난 후, 내 동생도 보드라운 눈으로 뛰어들었다. 이후 내 둘째 동생도 보드라운 눈으로 뛰어들었다. 내가 사슴이 숨도 쉬지 않고 뛰어 지나갈 수 있는 거리를 뛰어 지났을 때 나는 황금 세상, 아버지에게 기도하기 시작했다. '내 앞에 사슴 혀처럼 에둘러진 나무 없는 늪지대 밀림이 나타나게 해 주세요.' 그러자 사슴의 혀처럼 에둘러진 나무 없는 늪지대 밀림이 나타났고 우리는 그 주위를, 세상의 일곱 방향을 일곱 번씩 뛰어갔다. 그렇게 날이 어두워졌다. 나는 부드러운 눈으로 기어들었다. 나는 늑대를 기다렸지만, 옆구리에 서리가 낀 철의 늑대는 여전히 오지 않았다. 그렇게 나는 누워 있었다. 짐승들이 떠돌기 시작하는 아침 여명에 나는 눈에서 튀어나왔고 늑대도 눈에서 튀어나왔다. 나는 말했다.

"옆구리에 서리가 낀 철의 늑대야, 다시 한번 세상의 일곱 방향을 돌아보자."

그러자 늑대는 몸을 흔들었고 자기 고유의 모습을 한 사람이 그 앞에 나타났다. 수없이 순례하는 이, 수없이 방황하는 사내가 자기 모습을 하고 거기에 서 있었다. 그는 말했다.

"너의 더러운 서캐와 불결한 고기를 가지고 내가 무엇을 할까? 오세트로바 강가로 가서 사슴들이 살고 있는 그곳을 거닐어라. 똑같은 키의 두 명의 남자, 두 명의 사냥꾼이 평평한 배에 탈 때, 심장을 가진 짐승, 너는 너의 심장을 내보이기 위해 내놓아라."[118]

나는 사슴들이 살고 있는 그곳으로 갔다. 그러자 같은 키의 남자 두 명이 거기로 왔다. 사냥꾼이 노로 배를 흔들었고, 뱃머리에 있던 사내는 활과 화살을 집어 활시위에 활을 끼우고, 여름에 오브강에서 물이 말라 가듯이 그렇게 천천히 당겨 화살을 쏘았다. 심장을 가진 짐승의 심장에 화살이 맞았다. 세 번 펄쩍 뛴 다음 나는 쓰러졌다. 잘 벗겨 낸 참나무 숲 까치의 가죽처럼 내 가죽을 벗겨 냈다. 사슴인 나를 지붕이 있는 배로 끌고 가서 손 후슈 사내의 대도시로 태워 갔고 강변에서 떨어져서 지붕 있는 배를 선착장 옆에 묶었다.[119] 그때 집에서 일하는 하녀가 물가로 내려왔는데 지붕 있는 배에 사슴이 있는 것을 보았고 심장이 있는 짐승의 심장과 혀를 가진 짐승의 혀를 훔쳤다. 그녀는 그 고기를 집으로 가져왔고 여주인과 함께 고기를 삶기 시작했다.[120] 고기가 준

---

118) 사슴은 자기 스스로가 총을 맞으러 나서야 한다. 사람으로 소생할 기회를 얻기 위해서다.

119) 사슴 고기를 개한테서 지키기 위해서다.

120) 여주인은 주인공의 이승의 엄마로 진흙 같은 눈을 가진 올레니야 사모옛카를 말한다.

비되자 그들은 그 고기를 먹었다. 여주인 배의 작은 구석에서 나는 비단 실로 된 값비싼 실꾸리처럼 돌돌 말렸다. 그런 다음 내 형제가 형성되었고, 그다음에 내 동생이 하녀 배의 작은 구석에서 실꾸리로 형성되었다.

여자들이 아이들을 임신하듯이 우리를 열 달을 임신했고 그들은 여자들이 출산할 때 가는 나무 밑동에서 임신으로부터 해방되었다. 그들이 출산했을 때 우리, 세 용사, 세 아들은 오스탸크족의 세상으로 태어났다. 우리가 아직 소년이었을 때 우리는 수많은 소녀들이 있는 소녀들의 도시에서, 수많은 소년들이 있는 소년들의 도시에서 성장했다.

그렇게 우리는 살아갔다. 어느 날 내게 내 형, 도시의 수장이 찾아왔다. 그가 개들이 누워 있는 나무 현관에 들어오자 더러운 입을 가진 수많은 개들이 그의 튼실한 장딴지 힘줄을 물려고 했지만 훌륭한 용사가 들어올 때 분 차가운 바람이 그들에게 빠르게 휙 불어 닥쳐서, 얼어붙은 마가목 열매 한 줌이 땅 위에 휙 던져진 것처럼 사방으로 흩어졌다. 벽에 낸 구멍에 달린 문의 얼음 구멍을 그는 활짝 열어 제꼈다. 이후에 내 형제, 능숙한 팔다리 관절을 가진 화살을 쏘는 용사 프타크가 내게 도착했다. 나는 구부러진 팔꿈치의 작은 틈 사이로 그가 문틈에 발뒤꿈치 끝을 끼우는 것을 보았다. 모래 덮인 집 지붕에서 모래쥐 몇 마리가 떨어지는 소리가 들렸다. 도시의 수장인 내 형이 가까이 왔을 때, 나는 용사들이 보통 활을 눕혀 보관하는 곳으로 올라가서 집에서 일하는 수백의 처녀 하녀들을 재촉하기 시작했다. 나의 수백의 처녀 하녀들은 다리가 네 개 달린 식탁에 사슴 비계가 놓인 풍성한 식기를 차려 놓았다. 내 형은 말했다.

"나는 굶주린 집에서 오지 않았다. 당신이 나의 선한 말을 귀담아듣는다면 훌륭한 접시에 놓인 사슴 비계가 아무리 많아도, 내 손가락의 연마된 관절의 끝을 입 속으로 계속 넣을 것이다. 만약 당신이 내 말을 귀담아듣지 않는다면, 발로 얼음 같은 문, 차가운 문을 박차고 나가 버릴 것이다."

내가 말했다.

"형은 왜 무슨 소식을 가지고 왔는지, 어떤 말을 할지 이야기하지 않는 거요?"

내 형이 말했다.

"언제까지 너는 결혼 안 한 처녀들처럼, 활 앞의 공간을 가르는 화살처럼, 빨리 뛰어다닐 것이냐? 너는 성인처럼 턱에 수염이 자랄 것을 모른단 말이냐?"

나는 말했다.

"내가 부인으로 취할 만한 아름다움을 지닌 미녀 아가씨는 세상 어디에 태어났단 말입니까?"

그는 말했다.

"사슴 혀처럼 에둘러 갔던 그 나무 없는 늪지대 밀림의 일곱 물길을 지나고 숲이 우거진 일곱 언덕을 지나가면 일곱 늪지대 밀림 뒤에 껍질 덮인 낙엽송으로 건설된 도시가 솟아 있다. 늙은 공후가 거기서 끝이 두 개로 갈라진 활을 깎고 있다. 노래가 흘러나오는 집에서 일곱 아들을 흔들고 있다. 그들 뒤에 발로 요람을 밀면서 세련된 등받이의 자작나무 요람 속에 누구를 흔들고 있겠느냐? 세 명의 사모예드 미녀, 세 명의 딸을 흔들고 있단다. 나는 네가 아내로 취할 만한 아름다운 처녀에 대해 내 긴 귀로 들었다. 원한다면 가서 온 도시를 위한 주연을 베풀어라."

다음 날이 되었을 때 나는 하인, 가장자리가 얼어붙은 접시를 운반하는 행복한 사내를 사슴 이끼가 무성히 자란 평원으로 보냈다. 내 하인, 가장자리가 얼어붙은 접시를 운반하는 행복한 사내는 정확히 정오에 사슴 발굽이 뚝뚝거리는 소리가 들리는 곳에 도착했다. 사슴들을 신의 모습을 한 성스러운 나무의 밑동으로 데려갔고 그 앞에 피의 희생물로 한 가죽 띠로 묶인 사슴 수컷 일곱 마리를 바쳤다. 가장자리가 얼어붙은 접시를 운반하는 행복한 사내, 내 하인은 그들의 수많은 목을 날카로운 칼로 잘랐고 잘 벗겨진 참나무 까치 가죽처럼 그 사슴들의 가죽을 벗겼다. 그 사슴들을 도시 주민들의 오찬을 위해 커다란 솥에 끓였다. 커다란 솥의 고기가 다 끓자, 휘몰아치는 강이 거위 날개처럼 쓰레기를 모으듯이, 온 도시의 수많은 사내들을 소집했다. 내 하인, 가장자리가 얼어붙은 접시를 운반하는 행복한 사내가, 이때 연통 윗구멍을 통해서 사람들을 부르기 위해 맞닥뜨리는 모든 집 옆에서 발끝으로 섰다. 팔백 개의 장대로 지어진, 장대로 만든, 내가 살고 있는 나의 집에 농어나 황금치 그물에 고기들이 들어가듯이 사람들이 도착했다. 도시 주민을 위해 베풀어진 대주연에서 커다란 솥에 끓인 훌륭한 고기를 모두 먹었을 때 풍성하고 부드러운 음식을 가져왔고 구멍이 숭숭이는 거품 많은 맥주와 거품이 송송 이는 많은 맥주를 가져왔다. 그들은 먹기 시작했다. 철갑상어 기름이 흘러 턱이 더러워진 그들은 손이 젖은 설거지하는 여자들처럼 서 있었다. 손이 젖은 설거지하는 여자들처럼 서 있었을 때 그들은 거위의 꽥꽥거리는 소리처럼 가슴에서 나오는 말을 하기 시작했다. 늙은이의 얼굴을 가진 수많은 사내들이 말했다.

"당신은 아이를 가지지 못한 아직 젊은이로군! 우리가 당신들의 아버지와 살았던 예전에, 만약 우리가 용사들을 접대하기 위해 그렇게 큰 주연을 베풀었다면, 그다음에 우리는 무거운 다리의 훌륭한 관절로 저 먼 땅 끝 어디론가 떠났을 것이오."

그때 앞문이 있는 집의 한구석에서 용감한 사내의 아들

이 튀어나왔고, 장작이 담긴 큰 자루 뒤쪽 귀퉁이에서 쪼개진 장작개비의 커다란 반쪽을 잡아서 세 면을 잘랐다. 내 형, 능숙한 팔다리의 관절을 가진 화살을 쏘는 용사 프타세크는 군대를 지휘하는 사령관으로서, 결혼 원정의 수장으로서 커다란 장작 조각에 자기를 나타내게 도끼로 찍어 표시했고, 내 형제[121]를 나타내게 도끼로 찍어 표시를 했다. 아버지가 건강이 나빴던 거기서는 그의 아들이 도끼로 찍어 표시를 했으며, 아들이 건강이 나빴던 거기서는 그의 아버지가 도끼로 찍어 표시를 했다. 그는 군중 칠백 명을, 용사부대 칠백 명을 소집했다. 내 형제는 말했다.

"내일이 오면 전쟁의 길로, 청혼의 길로 떠납시다."

비록 얼룩덜룩한 이불 위에, 무늬가 있는 카펫 위에 누워 있었지만 나는 부드러운 곳에서 자고 있고, 도끼 자루의 맨들맨들한 면 위에 누워 있는 것 같았고, 칼자루의 가장자리에 누워 있는 것 같았다. 아침 여명이 밝았을 때, 짐승들이 일어나기 시작했을 때, 나는 진흙으로 만든 칠각형의 자물쇠가 물고기를 잡고 있는 것을 잊어버렸다. 내 하인, 가장자리가 얼어붙은 접시를 운반하는 행복한 사내가 내게 도끼 지팡이[122] 자루 거리만큼 다가와서 내 어깨 사이를 구부러

121) 같은 날 하녀에게서 난 아들을 말한다.

진 손의 뼈가 튀어나온 관절로 밀기 시작했다.

"당신이 전쟁에 데리고 가기 위해 선착장 앞에 모여 있는 당신의 수많은 사내들이 추위 때문에 소매 끝을 떨기 시작하며 옷자락 끝을 떨기 시작합니다."

못 위에 걸렸던, 삶을 연장해 주는 신의 갑옷을 나는, 마치 이 갑옷이 차가운 물 세 동이라도 되는 듯이, 정수리를 통과해서 높은 가슴 위에 뒤집어썼다. 그다음에 나는 부드러운 비로드와 얇은 비단으로 된 옷을 겹겹이 입었다. 나는 이 도시와 이 나라에서 가장 아름답게 차려 입었다. 나는 집의 입구로, 집의 구석으로 갔다. 털가죽 제품이 보관되어 있는, 상품이 가득한 집의 구석은 가공된 참나무숲 까치 가죽처럼 깨끗했다. 나는 도시의 광장으로 나가서 신의 모습을 한 성스러운 나무의 밑동 앞에 깊이 몸을 숙여 일곱 번 절을 했다. 내가 사슴을 묶은 나무 썰매 쪽으로 갔을 때 내 앞에 열 명의 여인들로 구성된 처녀들이 나섰다. 그때 나는 심장을 가진 사내로서 자기 심장 깊숙이에서 생각했다. '만약 내가 수많은 사람들을 매머드의 탐욕스러운 아가리에 처넣는 대신에, 여우들이 뛰노는 피의 길에서 젊은 처녀 무리와 만난다면,

---

122) 긴 손잡이가 달린 작은 도끼를 말한다. 장작을 패기 위해 길을 떠날 때 가지고 갔다.

나는 수많은 도시 사람들을 매머드의 만족을 모르는 아가리로 내몰지는 않을 텐데.' 키가 큰 여자가 말했다.

"키 작은 여자여, 더 작게 해라."

키 작은 여자가 말했다.

"키 큰 여자여, 들어라. 더 크게 해라."[123)]

내 동생은 나의 우유부단함에 크게 수치스러워했다.[124)] 나는 사슴을 묶은 널빤지 썰매 뒤에 앉았고 사람들이 그려진 얼룩덜룩한 카펫으로 덮었다. 부대 사령관은 머리로 출발 신호를 했다.[125)]

---

123) 여자들은 용사 공후를 더 잘 살펴보려고 그렇게 하는 것이다.

124) 주인공은 마주치는 여자들 중 한 여인에게 장가간다면 위험한 원정에 도시민들을 내몰지 않아도 된다고 생각한다. 그의 형제는 공후가 평범한 처녀에게 결혼할 수는 없다고 창피를 주는 것이다.

125) 이야기는 미완성이다.

아버지에 대한 복수

한 여인이 아들과 함께 살고 있었다. 아들은 아직 어린애였다. 그들에게는 집 외에는 아무것도 없었다. 개 한 마리뿐이었다. 그들은 살고 살았다. 그런 다음 아들이 썰매를 가지고 주위를 돌아다니다가 생각했다. '왜 엄마와 나만 단둘이 살까? 아버지는 없었을까?'

높은 언덕에 올라가서 거기에 죽은 사람이 둘 누워 있는 것을 발견했다. 그는 생각했다. '집에 가서 어머니한테 물어봐야겠다. 어쩌면 내 아버지가 죽어서 저기 누워 있을지도 모른다.'

집으로 돌아와서 어머니에게 물었다.

"우리는 아빠가 없었어요?"

어머니가 대답했다.

"너한테는 아버지가 없단다."

아들이 말했다.

"저기 높은 언덕에서 죽은 사람 두 명을 보았어요."

"그것은 옛날에 아히스 야흐족[126]이 우리 족속과 싸워서

---

126) 이 경우에 화자는 아히스 야흐가 코미족이라고 간주하고 있다.

너희 아버지를 죽인 것이란다."

"우리는 개 한 마리밖에 없어요? 사슴은 없나요?"

"사슴이 있었지. 너는 어리고, 누가 그 사슴들을 끌고 와서 묶을 수가 있겠니?"

"만약 있다면 제가 끌고 올 수 있어요."

"만약 할 수 있다면, 깨끗한 늪에 그 사슴들이 놀고 있단다."

아들은 개와 함께 가서 개를 풀어놓았고 개는 사슴 떼를 쫓아갔다. 아들은 어머니한테 말했다.

"어떤 사슴들을 묶을지 말해 주세요. 내가 사람들을 찾으러 갔다 올게요."

어머니는 두 마리의 암사슴을 가리켰고 아들은 그 사슴들을 묶어 놓고 떠났다. 가고 또 가면서 수많은 사슴과 한 천막을 보았는데 여섯 명의 사내가 천막 옆에 있었다. 그들은 타지인이 오는 것을 보았고 활을 들고 쏠 준비를 했다.

"저를 쏘지 마세요. 저는 당신들한테 말을 좀 하려고 왔어요."

천막으로 들어가니 거기에 한 여인이 있었다.

"에이구, 아들들아, 무슨 짓을 하려 한 거냐. 동생을 죽일 뻔했구나!"

"그가 동생인지 아닌지 어떻게 알겠어요."

타지인이 말했다.

"함께 살면 어때요?"

함께 가서 천막을 가져왔고 함께 살기 시작했다. 여섯 중에서 가장 어린 동생이 형제들에게 말했다.

"우리 아버지를 아히스 야흐족이 죽였대. 그들을 찾으러 가자."

하루 동안에 수많은 사슴을 죽였고 많은 것을 어머니에게 남겨두었다.

그리고 말했다.

"내일 떠나자."

일곱 명이 북쪽으로 떠났다. 겨울 내내 갔다. 봄이 왔고 여름이 왔다. 그들은 강 옆에서 멈췄고 매일 누가 더 힘이 센지 단련했다. 막내가 가장 힘이 세고 다음으로 어린 동생도 힘이 셌다. 다섯 명은 그보다 약했다. 이 두 명은 함께 모든 것을 했고 함께 잠을 잤다. 동생이 말했다.

"여기에 계세요. 우리 둘이 쪽배를 만들게요. 강을 따라가면 누군가라도 찾겠지요."

쪽배를 타고 떠났고 두 명을 만났다. 형제들은 말했다.

"우리가 이렇게 자라는 동안 그 누구도 만나지 못했어요."

그 사람들은 웃었다.

"당신들은 그렇게도 오래 살았단 말이요, 아무도 못 만나도록! 우리와 함께 갑시다. 우리 도시는 멀지 않고 거기엔 사람들이 많아요."

그들은 도시로 갔다. 거기서 아히스 야흐족은 전쟁 준비를 하고 있었고 활을 쏘고 검으로 싸우고 있었다. 그들에게는 황제가 있었고 그에게 두 형제를 데려갔다.

그들은 황제에게 말했다.

"우리는 두 명을 만났는데 그들은 아무도 못 만났답니다."

형제들은 물었다.

"당신들은 어디로 가려고 합니까?"

"예전에 우리는 아히스 야흐족과 싸웠고 여섯 소년과 한 명의 소년을 어머니와 남겨 두었다. 그들이 지금은 성장했을 테니 우리는 거기로 갈 것이다."

"우리를 데려가 주세요. 우리도 싸우고 싶습니다."

그들에게 검 한 자루를 주었고 활도 주었다. 도시 주위에는 성벽이 있었고 누구도 올라가지 못했다. 그들 둘은 함께 다녔고 전쟁을 준비했다. 어느 날 그들은 성벽 밖으로 나갔고 이렇게 소리쳤다.

"얼음이 얼면 우리가 올 것이다."

그들을 뒤쫓아 갔지만 놓쳤다. 그들은 나머지 다섯 명의 형제들에게 도착했다. 가을 첫눈이 내리자 전쟁 준비를 하기 시작했다. 도시 쪽으로 더 가까이 갔다. 도시는 아무도 없는 듯이 텅 비어 있었다. 도시 성벽은 굳건했다. 두 동생은 단단히 무장을 했고 갑옷을 입고 검을 들었으며 다섯 형제에게는 활밖에 아무것도 없었다. 두 형제는 도시로 들어갔고 다섯 형제는 아무도 도망가지 못하게 도시를 지켜보기 위해 남았다. 싸우고 또 싸웠고 단번에 모두를 죽였다. 그들은 도시에서 나오자 다섯 형제에게 물었다.

"누구도 도망친 사람 없어요?"

그 형제들이 대답했다.

"우리는 아무도 못 봤어."

"우리는 형들을 못 믿겠어요."

그들은 함께 떠났다. 발자국 하나를 발견했고 뒤쫓아 갔는데 그루터기 위에 눈이 긁어 헤쳐져 있었다. 일곱 명 모두가 도착했다.

"노인장, 여기서 무엇을 하는 거요?"

"도시 안에는 아무도 남지 않았고 나는 겨우 기어 나와서 여기서 죽어 가고 있소."

그들은 그를 남겨 두고 도시 쪽으로 갔다. 노인은 무사히 살아서 북쪽으로 도망쳤다. 형제들은 말했다.

"이 노인을 죽이지 않아서 그는 도망쳤고 이제 군대 전체를 구해서 몰고 올 거야."

도시 주위를 다녀 보았지만 아무도 발견하지 못했다. 어머니에게 가서 함께 살기 시작했다. 두 동생은 한 침대에서 잤고 갑옷을 입고 누웠다가 갑옷을 입고 일어났다. 다섯 형제는 아침에 오랫동안 신발도 신지 않고 앉아 있었고 불안해하지 않았다. 어느 날 아침에 막 일어났는데 그 노인이 군대를 몰고 왔다. 두 동생은 단번에 말했다.

"우리는 싸우지 말고 힘이 부족하니 도망칩시다."

다섯 형제는 남았고 그들은 죽임을 당했다.

이미 히티

이미 히티[127]는 할머니와 함께 세상 끝에 살았다. 어느 날 이미 히티는 얼음 미끄럼틀을 만들어서 하루 종일 타고 놀았다. 한번은 이미 히티가 집으로 달려와서 할머니에게 물었다.

"할머니, 한 짐승을 보았는데 꼬리는 까맣고 몸은 회색이에요. 이게 무슨 짐승이에요?"

할머니가 말했다.

"그것은 다람쥐란다. 손자야, 예전에 네 아버지가 이런 짐승을 잡아 오곤 했지."

"그럼 저도 쫓아가서 잡을게요."

이미 히티가 말했다.

"오, 손자야. 너는 다람쥐를 쫓기엔 아직 어리단다. 네가 쫓아가면 다람쥐는 나무 위로 기어 올라가 버릴 텐데, 그럼

---

127) 이미 히티, 이미 힐리는 '할머니의 손자' 또는 '아주머니의 조카'라는 뜻으로, 알발리, 졸로토이 바가티르(황금의 용사), 콘 이키, 미르 수스네 훔, 므노고 블루시답시 므노고 스트란스트보밥시 무시(수없이 방랑하고 수없이 순례한 사내), 타리크 페시 니말랴 소프, 엑바 피리스 등과 같은 인물이다.

어쩌려고?"

그래서 이미 히티는 또다시 미끄럼을 타러 갔다. 얼마간 타다가 또 할머니에게 달려왔다.

"할머니, 내가 또 한 짐승을 보았는데, 꼬리 끝은 까맣고 몸통은 온통 하얘요. 이건 무슨 짐승이에요?"

"그건 검은꼬리흰족제비란다. 손자야, 예전에 네 아버지가 그런 짐승을 잡아 오곤 했지."

"할머니, 그럼 나도 그 짐승을 잡으러 갈래요."

이미 히티가 말했다.

"오, 손자야, 검은꼬리흰족제비를 쫓아가기엔 너는 아직 너무 어리단다. 네가 쫓아가면 족제비는 나무뿌리 밑으로 기어들어갈 텐데. 그럼 어쩌려고?"

그래서 또다시 이미 히티는 미끄럼을 타러 갔다. 얼마간 타다가 또 할머니한테 와서 말했다.

"할머니, 이번에는 이런 짐승을 보았는데 온통 다 까매요. 이 짐승은 뭐예요?"

할머니가 말했다.

"그것은 흑담비란다. 손자야. 예전에 네 아버지가 그런 짐승도 잡아 오곤 했지."

"그럼 나도 쫓아가서 잡을래요."

"오, 손자야. 어디서 흑담비를 쫓겠니. 흑담비는 한참을 뒤쫓아야 한단다."

"그럼 이런 짐승들은 어떻게 잡아요, 할머니?"

"뭐로 잡느냐고? 활과 화살로 잡지."

"활과 화살은 어떻게 생긴 거예요? 어떻게 만들어요? 제게 활과 화살을 만들어 주세요, 할머니."

할머니는 만들어 주고 싶지 않았지만 아이가 원하는데 어떻게 하겠는가. 할머니는 장작개비를 가져다가 화살 비슷한 것을 깎았다. 그런 다음 나무토막을 찾아서 손자에게 활을 만들어 주었다.

다음 날 아침 할머니가 일어나 보니 손자는 이미 나가서 잠자리도 다 식어 있었다.

이미 히티는 얼마 동안 다니다가 저녁 무렵에야 집으로 돌아왔다. 온갖 짐승을 한 무더기 가져왔다. 할머니는 손자를 먹이고 차를 마시게 하고 앉아서 둘이서 잡은 짐승들의 가죽을 벗기고 내장을 꺼냈다. 할머니가 이렇게 가르쳤다.

"네 아버지는 이렇게 가죽을 벗기고 내장을 꺼냈고 이런 식으로 가죽을 평평하게 했단다."

그때부터 매일 이미 히티는 사냥을 나가기 시작했다. 항상 할머니가 아직 자고 있을 때 나갔다. 그렇게 그는 다니면서 사냥을 했는데, 어느 날 저녁 음식을 먹으면서 할머니에게 이렇게 말했다.

"할머니, 이제 짐승이 더 많은 곳으로 더 멀리 떠날게요. 할머니는 먼저 저에게 음식을 가져갈 손바구니를 하나 준비해 주세요. 숲에 다니는 것이 아직 능숙하지 못하니까 어디에선가 길을 잃을 수도 있잖아요."

"네 말이 맞구나, 손자야."

할머니는 앉아서 음식을 넣을 손바구니를 순식간에 만들었다.

다음 날 이미 히티는 음식이 담긴 손바구니를 들고 또다시 사냥을 떠났다. 발자국을 발견하기만 하면 그 자국을 따라갔다. 곰 발자국을 만나면 곰 발자국을 따라갔고 흰족제비 발자국을 만나면 흰족제비 발자국을 따라갔다. 그렇게 가고 또 가다가 갑자기 누군가가 힘껏 외치는 소리를 들었다. 이미 히티는 '가서 누가 소리치는지 봐야겠군'이라고 생각했다.

살금살금 다가가기 시작했다. 둘러보니 강변에 높은 언덕이 있었다. 보니 소년 멘크 포슈흐가 높은 언덕에서 철 썰매를 타고 있었다. 타면서 소리치고 웃고, 또 타면서 소리치고 웃고 있었다. 이미 히티는 서서 그 소년한테서 눈을 떼지 못했다. 이미 히티가 한참을 보고 있는데, 결국 멘크 포슈흐가 그를 발견했다.

"에이, 친구야, 여기 있었어? 이리 와, 나랑 같이 타자."

멘크 포슈흐가 그에게 말했다.

“아니야, 나는 사냥하러 가야 돼. 미끄럼 탈 시간이 없어.”

이미 히티가 대답했다.

“그래, 가야지. 그래도 딱 한 번만 타자. 거기서 뭐 해! 나 멘크 포슈흐한테서 벗어날 수 있을 것 같아?”

“이리 와서 썰매 앞부분에 앉아.”

멘크 포슈흐가 말했다.

“아니야, 앞에는 안 앉을래. 내가 뒤에 탈게. 내가 너랑 버티고 있을 수가 없어. 너는 너무 크게 소리치고 웃고 있잖아.”

“아니야. 너무 크게 소리치고 웃지 않을게.”

이미 히티가 뒤에서 뛰어올라 타기 시작했다. 타자마자 멘크 포슈흐가 너무나 소리쳐서 이미 히티는 정신을 잃고 쓰러졌다.

얼마 누워 있다가 정신을 차리고 보니 멘크 포슈흐가 썰매를 가지고 언덕을 오르고 있었다.

“에이, 친구, 너는 왜 넘어졌어?”

이미 히티가 대답했다.

“내가 말했잖아. 너랑 탈 수가 없다고. 너는 너무 크게 소리 지르고 웃으니까.”

"좋아, 이제는 더 조용히 웃을게."

멘크 포슈흐가 말했다.

"아니야. 나는 더 이상 너랑 타지 않을래. 날이 지고 있는데 사냥해야지."

"아니, 한 번만 더 타자. 내 무릎에 앉으면 넘어지지 않을 거야."

이미 히티는 거절하고 거절했지만, 멘크를 거절할 수가 있겠는가?

"자, 그럼 앉아. 나는 또 뒤에 탈게."

이미 히티가 말했다.

타고 내려갔다. 멘크 포슈흐는 또다시 소리쳤고 목청껏 웃어 댔다. 이미 히티의 눈앞에서 하얀 세상이 사라져 버렸다. 얼마간 누워 있다가 정신을 차려 보니 멘크 포슈흐가 웃으면서 그에게 다가왔다.

"에이, 친구. 또 뒤처진 거야?"

"네가 그렇게 고함을 치는데 너랑 탈 수가 있겠냐!"

"자, 그럼 다시 한 번만 잘 타 보자. 이제는 네가 썰매에 앉아."

이미 히티가 말했다.

"아니야, 더 이상은 너랑 타지 않을 거야. 내가 직접 썰매를 만들 거니까 너 혼자 타."

이미 히티는 커다란 도끼를 가져다가 마음에 드는 자작나무를 베었고 반으로 쪼개서 매끈하게 깎아 다듬기 시작했다. 멘크 포슈호가 보니 이미 히티가 삐죽 나온 옹이들을 깎아 다듬으면 도끼가 미끄러져 빠져 버렸고, 또 깎아 다듬으려면 도끼가 미끄러져 빠져 버렸다.

멘크 포슈호가 말했다.

"네 썰매는 언제 되는 거야? 그렇게 계속 깎아 다듬을 거면? 집에서는 특별한 장소에서 깎기라도 하는 거야?"

"집에서야 할머니 혀 위에다 대고 깎지."

"어떻게 혀 위에다 깎는단 말이야?" 멘크 포슈호가 말했다.

"나는 그게 익숙해졌어. 너도 소리치고 웃는 것에 익숙해졌잖아. 네가 누워 봐. 그러면 내가 네 혀 위에다 재빨리 반들반들하게 깎을 테니."

이미 히티가 멘크 포슈호에게 말했다.

"에이. 네가 내 혀를 자르려고 하는구나."

"무슨 말을 하는 거야, 내 손에 힘줄이 없어서 도끼도 못 쥔단 말이야?"

멘크 포슈호는 동의했고 자빠져 누웠고 짐승 가죽처럼 긴 혀를 쑥 내밀었다. 이미 히티는 그의 혀에 나무토막을 올려놓고 천천히 나무옹이를 깎아 다듬기 시작했다.

깎아 다듬으면서 말했다.

"집에 있을 때는 이렇게, 이렇게 깎아 밀곤 했지."

깎고 또 깎아 끝까지 다 깎다가 습관이 되어서 도끼로 멘크 포슈흐의 혀끝을 잘라 버렸다.

멘크 포슈흐는 끔찍한 목소리로 소리치기 시작했고 이미 히티는 정신을 잃고 쓰러졌다.

얼마 동안 누워 있다가 정신을 차려 보니 완전히 꽁꽁 얼어붙어 있었다. 멘크 포슈흐는 없고 잘린 혀 조각만 남아 있었다.

이미 히티는 일어나서 혀 조각을 들고 멘크 포슈흐의 핏자국을 따라갔다.

가고 또 가다가 거대한 도시에 이르게 되었다. 여기 집들은 낙엽송과 전나무로 지어져 있었다. 낙엽송이 부족했던 곳에는 전나무를 보탰고 전나무가 부족했던 곳에는 낙엽송을 보태서 지었다.

발자국을 따라가니 도시의 다른 쪽 끝에 있는 집에 도착하게 되었다. 이미 히티는 이 집으로 다가가서 지붕으로 올라가 연통에 귀를 대고 엿듣기 시작했다. 들어 보니 멘크 포슈흐가 신음을 하며 탄식하고 있었다. 식구들이 그에게 물었다.

"어떻게 된 거냐?"

그는 입을 가리키면서 무엇인가를 중얼거렸다. 묻고 또 물었지만 아무것도 얻어 낼 수가 없었다.

"으음. 도대체 무슨 일이 있었을까?"

누군가가 한숨을 쉬며 말했다.

"옆집 할아버지한테 다녀와라."

그 목소리가 말했다.

누군가가 벌떡 일어섰고 문을 열었다. 나간 것은 어린 멘크였다. 뛰어가더니 춤을 추기 시작했다. 한쪽 다리를 들어 올렸다가 한 손을 들어 올렸다가 했다. 춤을 추면서 노래를 불렀다.

"이리저리 폴짝. 이리저리 폴짝. 등으로 도니 둥근 머리채가 흔들리네. 가슴으로 돌면 구슬 리본이 감기네."

춤을 추면서 계속 뛰어가다가 옆집 중 한 집으로 들어갔다. 멘크 포슈흐가 집으로 들어가자 이미 히티는 아래로 뛰어내려서 멘크 포슈흐가 들어갔던 그 집으로 다가가서 또다시 연통으로 엿듣기 시작했다.

누군가가 멘크 포슈흐에게 물었다.

"무슨 일이냐? 아마도 일이 있어 너를 이리로 보냈겠지?"

그런데도 멘크 포슈흐는 계속 자기 일만 했다. 한쪽 다리를 올렸다가 한 손을 올렸다가 했고 노래를 불렀다.

"이리저리 폴짝. 이리저리 폴짝. 등으로 도니 둥근 머리채가 흔들리네. 가슴으로 돌면 구슬 리본이 감기네."

춤을 추고 또 추다가 그렇게 한 손을 올렸다가 한 다리를 올렸다가 하면서 그냥 가 버렸다.

집에서 누군가가 말했다.

"분명히 이런 철없는 아이를 무슨 일이 있어 보냈을 텐데."

멘크 포슈흐가 자기 집으로 들어가자마자 이미 히티는 지붕에서 뛰어내려서 지붕 아래 연통 구멍 쪽으로 달려갔다. 그들이 멘크 포슈흐에게 물었다.

"그래, 할아버지는 만났어?"

하지만 멘크 포슈흐는 계속 춤만 추면서 노래했다.

"이리저리 폴짝. 이리저리 폴짝. 등으로 도니 둥근 머리채가 흔들리네. 가슴으로 돌면 구슬 리본이 감기네."

"에이, 이 아이가 아마도 거기서 아무 말도 하지 않았나 봐. 딸아, 네가 동생을 좀 도와주렴."

이미 히티가 들어 보니 아가씨는 은구슬 소리를 내며, 금구슬 소리를 내며 일어섰다. 그리고 아가씨가 밖으로 나갔다. 이미 히티가 보니 그 앞에는 미녀 중의 미녀, 아가씨 중의 아가씨가 서 있었다. 그녀는 나가서 주위를 둘러보더니 옆집으로 들어갔다. 이미 히티는 뛰어내려서 거기로 달려갔다. 그는 위로 기어 올라가서 연통을 통해 엿듣기 시작했고 안에서 누군가가 말했다.

"자, 손녀야. 어떤 소식을 가지고 왔니?"

"아버지, 할아버지가 부르세요. 동생에게 무슨 일이 생겼어요. 입을 가리키면서 무엇인가를 중얼거리는데 아무 말도 알아들을 수가 없어요. 한숨을 쉬기도 하고 목이 막히는가 봐요."

"무슨 일이 있었을까? 아마도 이미 히티한테 귀찮게 달라붙었었나 보다. 자, 가거라. 나도 가마."

아가씨는 나와서 집으로 갔다. 그녀가 집으로 들어가자마자 이미 히티는 지붕에서 뛰어내려서 그녀를 따라갔다. 미녀가 들어간 집의 지붕으로 기어 올라가니 온통 백발의 노인이 오고 있는 것이 보였다. 그 노인은 그 집으로 다가가서 들어갔다.

"무슨 일이 생긴 거지?"

그가 물었다.

"그냥 미끄럼 타러 갔다 왔는데 무슨 일이 있었나 봐요."

"그렇지 있었지, 있었지. 이런 못된 녀석이 이미 히티한테 귀찮게 달라붙어서 이렇게 된 거야. 이제는 이미 히티한테 애걸해 보는 수밖에 없어."

"부탁하려면 어디서 이미 히티를 찾아야 되죠?"

"이미 히티가 어디 있냐고? 바로 지붕 위에 화덕 연통에서 엿듣고 있지."

"어떻게 부탁을 하죠?"

"어쩔 수 없지. 이 못된 녀석 때문에 우리 딸내미를 시집 보내겠다고 할 수밖에 없구나. 소녀 딸아, 가거라. 만약 동생이 불쌍하거든 가서 이미 히티에게 약혼녀가 되겠다고 약속하고 그에게 네 동생을 고쳐 달라고 애원하거라."

슬픔에 빠져 우울해진 아가씨는 밖으로 나와서 말했다.

"자, 이미 히티야, 내 동생을 구해 줘."

그리고 몇 번 돌더니 집으로 갔다.

"자, 불렀어?"

할아버지가 물었다.

"불렀어요."

"어떻게 불렀는데? 가거라. 수줍어하지 말고 네가 그의 약혼녀가 될 거라고 말해."

아가씨는 또다시 나갔다. 몇 번 돌더니 서서 말했다.

"자, 어떻게 하겠어. 이미 히티, 동생이 완전히 죽어 가고 있어. 내가 너의 약혼자가 되겠다고 약속할게. 동생만 고쳐 줘."

"가 있어. 나도 지금 갈게."

이미 히티가 이렇게 말하고 자기의 손바구니를 들고 집으로 들어갔다.

"자, 이미 히티. 아마도 이 못된 녀석이 너한테 귀찮게 달라붙었나 보지?"

이미 히티가 말했다.

"내가 사냥을 나갔는데, 누군가 외치는 소리가 들렸어요. 다가가서 보니 녀석이 미끄럼을 타고 있었어요. 이때 나는 그를 쳐다보며 서 있었어요. 그는 나를 알아채고 같이 미끄럼을 타자고 귀찮게 따라붙기 시작했어요. 나는 시간이 없고 날이 저물고 있고 사냥을 해야 한다고 말했지만 그는 계속 고집을 피웠어요. 한 번 탔는데 그가 너무 소리를 쳐서 내가 그 고함 소리 때문에 정신을 잃고 쓰러졌어요. 그는 두 번째로 또 타자고 했어요. 두 번째 탔지만 똑같이 나는 고함 소리 때문에 정신을 잃고 쓰러졌어요. 그에게서 벗어나려고 세 번째에는 그한테서 풀려나기 위한 궁리를 했던 거예요."

"이미 히티야, 맘을 곱게 써서 이 소년을 좀 고쳐 줘. 우리가 이 미녀를 네게 줄게. 그녀는 새처럼 살아 있는 머리채를 가졌고 은구슬 금구슬 소리를 내며 다니는 미인이야."

이미 히티는 손바구니에서 혀 조각을 꺼내서 소년의 혀에 붙였다. 혀가 바로 붙어 자라나기 시작했다. 그런 다음 이미 히티는 그에게 따뜻한 물을 마시게 했다. 세 번째로 마시자 소년은 한숨을 쉬더니 말했다.

"에이. 이제야 안심이네."

할아버지와 아버지는 그를 꾸짖기 시작했다.

"못된 녀석 같으니라구. 이미 히티가 여기 왔기에 망정이지. 게다가 그가 착한 사람이라서 다행이야. 그가 아니었으면 너는 혀도 없이 어쩔 뻔했느냐."

그런 다음 결혼식 피로연이 온 도시와 온 마을에서 베풀어졌다.

이미 히티와 보신 우르트

할머니가 손자와 함께 살고 있었다. 할머니는 집에서 실을 잣고 있었고 손자는 밖에서 뛰어놀고 있었다. 얼마 동안 그렇게 살았고 손자는 커서 사냥과 낚시를 다니기 시작했다.

그렇게 그들은 살았다. 그런데 어느 날 손자가 할머니에게 말했다.

"할머니, 보신 우르트한테 가서 작은딸한테 구혼하고 올래요."

할머니가 대답했다.

"가지 마라, 손자야. 너는 어려서 아직 손도 튼튼하지 않고 다리도 시원찮잖아."

"아니에요. 어쨌든 갈 거예요."

할머니를 설득했다. 떠날 채비를 했다. 밖으로 나가서 스키를 던졌고 스키 앞머리가 가리키는 쪽으로 갔다.

얼마 동안 가다가 검은꼬리흰족제비의 발자국을 발견했고 그 발자국을 따라갔다. 조금 가다가 보니 검은꼬리흰족제비가 나무 위로 올라가고 있었다. 이미 히티는 족제비를 죽여 가죽을 발톱과 이빨과 함께 벗겨 내고 계속 갔다.

가고 또 가다가 다람쥐 발자국을 발견했다. 다람쥐 발자국을 따라갔다. 조금 가다가 보니 다람쥐가 나무 위로 기어올라가고 있었다. 그는 다람쥐를 죽였고 가죽을 발톱과 이빨과 함께 벗겨 내고는 계속 갔다.

얼마 동안 가다 거대한 도시에 닿게 되었다.

도시를 휘 둘러보았다. 한 부잣집이 자꾸 눈에 들어왔다. 이미 히티는 눈에 띄던 집으로 들어갔다. 쳐다보니 보신 우르트가 있었다. 들어가서 인사를 했다.

"안녕하세요. 보신 우르트 할아버지!"

"그래 안녕, 손자야! 무슨 일로 여기 왔느냐, 어쩐 일이더냐?"

"아, 불행한 저는 이렇게 떠돌고 있어요."

손님이 오셨다고 주연을 베풀었다. 얼마 동안 주연이 벌어졌고 이미 히티는 보신 우르트에게 말했다.

"저는 여기 흥정하고 거래하러 왔어요. 수확으로 꽉 찬 살림방에 데리고 있는 당신의 작은딸에게 구혼하려구요. 혹시 딸을 제게 시집보낼 생각은 없으세요?"

보신 우르트는 머리를 숙이고는 솥이 끓는 시간만큼 꼭 그만큼 숙이고 있었다. 그런 다음 고개를 들고 말했다.

"딸을 시집보내는 데 무슨 나쁜 일이 있겠는가? 보내야지. 하지만 한 가지 일을 해 주게. 우리 도시 변방에는 날아다니는 거인 퉁흐가 아내와 살고 있네. 그가 벌써 7년이나 매일 우리 도시 사람들을 납치해 가서 자기 새끼들을 먹이고 있다네. 그렇게 그들은 자식들이 날 수 있을 때까지 사람들을 납치할걸세. 그러니 퉁흐 가족을 멀리 내쫓을 수 있다면 자네에게 내 딸을 주겠네."

이미 히티는 날아다니는 거인 퉁흐를 쫓아내는 데 동의했다.

그리고 그는 거기로 갔다. 가서 보니 가지가 하나도 없는 매우 높은 나무가 서 있었다. 그 꼭대기에 날아다니는 퉁흐의 둥지가 있었다.

이미 히티는 족제비 가죽을 주머니에서 꺼내서 그 속으로 기어 들어가서 족제비로 변해 나무 위로 기어오르기 시작했다. 기어오르고 오르다가 족제비 발톱이 닳아 버렸다. 그는 족제비 가죽을 벗고 다람쥐 가죽을 입었다. 다람쥐로 변해서 또다시 위로 기어 올라가기 시작했다.

둥지까지 얼마 남지 않았는데 갑자기 둥지에서 그의 앞으로 커다랗고 혐오스러운 두꺼비가 뛰어나왔다. 이미 히티는 도끼를 급히 꺼내서 두꺼비를 두 동강으로 잘라 버렸다. 이미 히티가 둥지로 기어 올라가니 둥지 속에는 두 마리 새끼만 있었다. 이미 히티는 날아다니는 퉁흐의 새끼들에게 말했다.

"너희는 왜 여기서 날아가지 않지?"

새끼들이 말했다.

"날개를 자라게 하는 중이에요. 날개가 자라기만 하면 누군가가 와서 우리의 날개를 물어뜯어 먹어 버려요. 그래서 날지 못하는 거예요."

이미 히티가 말했다.

"누가 너희의 날개를 물어뜯어 먹는지 알아. 커다란 두꺼비였어. 내가 두꺼비를 죽였으니 이제는 너희의 날개를 물어뜯어 먹을 놈이 없어. 이제는 잘 자랄 거야."

그는 주머니에서 물이 든 황금 병을 꺼내서 날아다니는 퉁흐 새끼들의 날개 끝에 발라 주었다. 바른 다음에 이렇게 명령했다.

"날개를 파닥여!"

퉁흐의 새끼들은 날갯짓을 하기 시작했다. 너무나 좋은 느낌이었다. 조금 후에 또 발랐다. 또 새끼들은 날개를 파닥이기 시작했다. 더 좋아졌다. 세 번째로 바르고 날아가라고 명령했다. 퉁흐의 새끼들은 날기 시작했다. 온 세상을 날아다니고 다시 둥지로 돌아왔다. 이미 히티가 물었다.

"자, 어때, 이제 날 수 있겠지?"

새끼들이 말했다.

"날 수 있어요. 곧 우리 아버지와 우리 어머니가 날아올 거예요. 부모님이 당신을 먹을 수도 있어요. 우리가 숨겨 줄 게요."

새끼들은 이미 히티를 둥지 바닥에 숨겼다. 조금 지나자 날아다니는 퉁흐가 날아들었고 잘생긴 청년을 가져왔다.

어머니가 날아오면서 어여쁜 처녀를 가져왔다.

새끼들이 말했다.

"우리는 이미 회복되어 이제 날 수 있어요."

"누가 너희를 고쳐 주었니?"

"우리를 고쳐 준 사람을 여기에 숨겼어요."

아버지와 어머니가 말했다.

"우리한테 그 사람을 보여 줘."

"먹지 않으실 거예요?"

"우리가 왜 먹겠니? 그 사람한테 고맙다고 해야지."

거인의 새끼들은 이미 히티를 둥지에서 꺼냈다.

"이 사람이 바로 우리를 고쳐 준 사람이에요. 이 사람이 아니었으면 결코 날 수 없었을 거예요."

날아다니는 퉁흐는 아내와 함께 말했다.

"안녕하시오, 이미 히티! 어떻게 여기 오게 된 거요?"

"불행한 나는 그냥 이렇게 떠돌아다니고 있다오." 그리고 왜 여기에 왔는지 이야기했다.

"우리 새끼들을 고쳐 주어서 고맙소."

날아다니는 퉁흐는 아내에게 이렇게 말했다.

"당신은 이제 새끼들과 날아가시오. 좋은 장소를 찾아서 거기에 둥지를 트시오. 나는 여기 남아서 이미 히티를 도와야겠소. 이미 히티 당신은 이제 내 등에 앉으시오. 당신이 필요로 하는 곳에 데려다주겠소."

거인들은 청년과 아가씨를 집에 가도록 풀어 주었다. 이미 히티는 날아다니는 퉁흐의 등에 앉았고 그들은 보신 우르트의 도시로 날아갔다.

"이제 보신 우르트에게 가시오. 아마도 그는 또 과제를 줄 것이오. 그 과제를 물어보고 나한테 오시오."

퉁흐가 말했다.

이미 히티는 보신 우르트에게 가서 말했다.

"분부를 수행했어요. 날아다니는 퉁흐와 아내를 쫓아냈지요."

보신 우르트는 말했다.

"네가 쫓아냈기는 쫓아냈지만 이제는 주연을 위해 훌륭한 대접을 할 필요가 있구나. 어디서 그 음식을 찾는단 말이냐? 여기 주위에는 적합한 것이 없단다. 훌륭한 음식, 훌륭한 술을 찾아야만 해. 옛날에 내가 듣기로 미지의 땅 너머, 미지의 바다 너머에 서른 개의 목소리를 가진 새가 있다고 하더라. 만약 그 새를 가져오면 딸을 주겠네."

날아다니는 퉁호가 말했다.

"도시의 대장장이에게 가서 철 올가미를 만들어 달라고 해."

이미 히티는 대장장이에게 갔다. 철 올가미를 만들라고 지시했다. 철 올가미가 만들어졌다. 그는 그것을 날아다니는 퉁호에게 가져갔다. 날아다니는 퉁흐는 이렇게 말했다.

"철 올가미를 내 등에 올려놓고 당신도 타시오."

이미 히티는 철 올가미를 놓고 자신도 탔다. 그러자 날아다니는 퉁흐는 날기 시작했다. 날고 날아서 마침내 내려갔다. 날아다니는 퉁흐는 말했다.

"이미 히티, 가서 올가미용 장대를 베어 오시오."

이미 히티는 가서 장대를 베서 날아다니는 퉁흐의 등에 싣고 계속 날아갔다. 얼마 동안 날다가 두 바다의 경계선 쪽으로 갔다. 내려가서 앉았다.

날아다니는 퉁호가 말했다.

"올가미 장대를 세워 놓고 올가미를 쭉 펴시오. 나는 서른 개의 목소리를 가진 새들을 몰아 오겠소."

날아다니는 퉁흐는 날아갔다.

얼마의 시간이 흐른 뒤 이미 히티가 보니 퉁호가 서른 개의 목소리를 가진 새들을 쫓고 있었다. 새들이 위로 가면 날아가는 퉁흐도 위로 돌진했다. 이렇게 퉁흐는 새들을 올가미로 몰았다. 그들이 올가미 쪽으로 접근했을 때 새들은 위로 날아오르려고 했지만 날아다니는 퉁흐가 그들의 길을 가로막았고 모든 새들이 올가미로 들어가게 되었다. 이미 히티는 재빨리 올가미를 내렸다. 새들이 모두 잡혔다.

날아다니는 퉁흐는 말했다.

"이제 새들을 내 등에 싣고 되돌아갑시다."

이미 히티는 새들을 퉁흐 등에 싣고 자신도 앉았다. 날아다니는 퉁흐는 날아오르기 시작했다. 날개를 퍼덕이고 퍼덕였지만 날아오를 수가 없었다. 한 번 더 힘껏 힘을 줬다. 날개를 퍼덕이고 퍼덕여서 겨우 날아올랐다. 얼마 동안 날았는지 마침내 보신 우르트의 도시에 다다랐고 내려앉았다. 날아다니는 퉁흐는 말했다.

"이제 이미 히티 당신은 보신 우르트에게 가서 말 서른 필을 요구하세요."

이미 히티는 가서 서른 필의 말을 달라고 해서 그 말 위에 새들을 싣고 보신 우르트의 창고로 갔다. 이미 히티는 보신 우르트에게 가서 말했다.

"당신의 분부를 이행했습니다."

보신 우르트는 오랫동안 아무 말 없이 앉아 있다가 이렇게 말했다.

"고기는 가져왔는데 생선이 없다네. 주연에는 생선도 필요하잖나. 만약 어디서 좋은 생선을 찾을 수 있는지 모른다면 내가 알려 주겠네. 미지의 저쪽, 알려지지 않은 방향에 바다가 있다네. 그 바다에 금빛 비늘의 농어가 살지. 이 농어를 잡아 오면 내 딸을 주고 대주연을 베풀겠네."

이미 히티는 날아다니는 퉁흐에게 가서 말했다.

"보신 우르트가 이렇게 말했소. '미지의 저쪽, 알려지지 않은 방향에 바다가 있다네. 바다에 금빛 비늘의 농어가 살지. 이 농어를 잡아 오면 딸을 주겠네'라고."

"자, 이미 히티. 내 등에 앉으시오."

퉁흐가 말했다. 이미 히티는 그의 등에 앉았고 그들은 날아갔다. 얼마 동안 날아가다가 내려앉았다. 날아다니는 퉁흐가 말했다.

"이미 히티, 가서 방파제용으로 두꺼운 말뚝을 서른 개 베어 오시오."

이미 히티는 말뚝을 베어서 날아다니는 퉁흐의 등에 실었다. 싣고 또 날아갔다. 얼마 동안 날아가다가 두 바다의 경계선 쪽으로 내려가서 땅에 내렸다.

날아다니는 퉁흐는 말했다.

"이제 방파제를 만들고 물 흐름에 역행하게 말뚝을 세우시오. 방파제 중간에 커다란 구멍을 파시오."

이미 히티는 방파제를 만들어 커다란 구멍을 팠고 자신

은 한쪽으로 비켜서서 근처에 앉았다. 얼마 지나서 구멍에서 얼음 위로 황어가 두 마리 튀어 나왔다. 황어들은 말했다.

"이미 히티, 은혜를 베풀어서 우리를 물에 놓아주세요."

이미 히티는 황어들에게 말했다.

"만약 너희가 금빛 비늘의 농어를 방파제 쪽으로 몰아온다면 내가 놓아주겠다."

"우리는 금빛 비늘의 농어가 무서워요. 우리를 잡아먹거든요."

"그럼 여기서 죽어 가든지. 나는 상관없으니까."

황어들이 말했다.

"이미 히티님, 은혜를 베풀어서 우리를 놓아주세요. 완전히 얼어 죽겠어요."

"그럼 금빛 비늘의 농어를 몰아온다면 놓아주겠다."

"우리는 금빛 비늘의 농어가 너무 무서워요. 거기로 가지 않을 거예요."

"무서우면 얼어 죽는 거지. 나는 무관하니."

"제발 은혜를 베푸셔서 우리를 놓아주세요. 좋아요. 갔다 올게요. 금빛 비늘의 농어를 여기로 몰아 올게요."

이미 히티는 황어를 붙잡아서 물에 놓아주었다. 얼마 시간이 흘렀고 얼음 밑의 물이 움직이기 시작하더니 물결치기 시작했다. 보니 황어들이 헤엄쳐 오고 있었는데 그 뒤에 거대한 농어가 쫓아오고 있었다. 물고기들은 얼음 위로 뛰어 올라왔고 그 뒤에 농어도 뛰어올라왔다. 이미 히티는 농어를 도끼로 찍기 시작했다. 황어들을 다시 물에 놓아주고 자신은 농어를 서른 조각으로 잘라서 날아다니는 퉁흐의 등에 실었다.

퉁흐는 날아오르기 시작했다. 날개를 퍼덕이고 퍼덕였지만 날아오를 수가 없었다. 두 번째로 힘을 모아서 날개를 퍼덕이더니 힘껏 날아올랐다. 그리고 날기 시작했다. 보신 우르트의 도시에 도착했다.

날아다니는 퉁흐는 말했다.

"빨리 가서 썰매를 맨 서른 필의 말을 달라고 해요."

이미 히티는 가서 말을 달라고 해서 생선을 싣고 보신 우르트의 창고로 가져갔다.

이미 히티는 보신 우르트에게 가서 말했다.

"분부하신 대로 했습니다."

"이제 진짜 주연을 베풀 수가 있겠네." 보신 우르트가 말했다.

온 도시, 온 부락에 주연을 베풀었다. 한 달간 잔치를 벌였고 일주일을 먹고 마셨다. 잔치는 끝났고 지금도 행복하게 살고 있다.

수고양이

노부부가 살고 있었다. 그들에겐 수고양이가 한 마리 있었다. 어느 날 고양이가 숲으로 도망쳤다. 고양이는 숲을 이리저리 돌아다녔다. 가을이 되어 추워지기 시작했지만 여전히 숲을 돌아다니며 몸을 숨길 따뜻한 구석을 찾아다녔다. 이렇게 숲을 돌아다니다가 수탉을 만나 이렇게 말했다.

"가을이 와서 추워지기 시작했으니 집을 짓자."

"짓지 않을 거야. 우리가 집을 가지고 뭐 해? 나는 어디든 몸을 피할 수 있어."

수탉이 대답했다.

고양이는 계속 돌아다녔다. 얼마간 숲을 돌아다니다가 송아지를 만났고 이렇게 말했다.

"에이, 친구. 함께 집을 짓는 게 어때?"

"내가 집을 뭐 하게? 나는 건초로 아담한 보금자리를 만들어 누우면 그만이야."

또다시 고양이는 돌아다니기 시작했다. 얼마 동안 돌아다니다가 망아지를 만났다.

"이봐, 친구, 집을 같이 짓자."

"내가 집을 가지고 뭐 하게? 나는 아무 데서나 묵으면 되거든."

망아지가 대답했다.

"만약 그렇다면 나 혼자 짓지 뭐."

고양이는 이렇게 말했다.

그리고 집을 짓기 시작했다. 집을 짓고는 안으로 들어가서 벽난로 위로 올라가 누웠다.

겨울이 왔다. 고양이는 벽난로 위에 누워서 뼈를 따뜻하게 데우고 있었다. 어느 날 누군가의 발자국 소리를 들었다. 문 쪽으로 다가와서 부르기 시작했다. 수탉이 온 것이었다.

"얼어 죽겠어! 나를 집 안으로 들여보내 줘. 만약 누군가가 너를 공격하면 내가 소리치고 쪼아 댈 수 있거든."

수탉이 소리쳤다.

"내가 함께 집을 짓자고 너를 불렀을 때, 너는 오지도 않았잖아!"

이렇게 그들이 이야기하고 있는데, 갑자기 송아지가 소리치며 뛰어왔다.

송아지가 말했다.

"나 좀 들여보내 줘! 누군가 너를 공격하면 내가 뿔로 받아 버릴게."

고양이가 말했다.

"내가 집을 짓자고 불렀는데 너는 오지도 않았잖아."

이때 망아지가 왔다.

"나 좀 들여보내 줘! 누가 너를 공격하면 내가 발로 차고 물어 버릴게."

고양이가 말했다.

"좋아. 다 들어와. 들어와."

그들은 들어갔다.

얼마 동안 살았는데 어느 날 문이 열리기 시작했다.

수탉이 물었다.

"거기 누구요?"

"늑대오소리요! 나를 좀 들여보내 주시오."

"조용, 조용히 하시오. 주인이 자고 있소. 깨면 당신을 죽여 버릴 거요."

늑대오소리는 너무 놀라서 곰한테 도망쳤다. 곰이 늑대를 보냈다.

"가서 주인 이름이 뭔지 알아 와라."

늑대가 거기로 갔다.

수탉, 망아지, 송아지가 모두 문 쪽으로 달려갔다.

"들어오지 마, 들어오지 말라고. 우리 주인이 너를 죽여 버릴 거야."

"그럼 당신네 주인 이름이 뭔지 말해 주시오."

"우리 주인은 고양이다."

늑대는 집으로 가서 곰한테 말했다.

"그들 주인의 이름은 고양이랍니다."

곰이 말했다.

"이제 가서 사슴을 잡아 죽여서 고양이를 초대하자."

그들은 떠났다. 사슴 네 마리를 잡았다. 곰은 늑대오소리에게 말했다.

"가서 고양이를 여기로 초대해라."

늑대오소리가 갔다. 도착해서 문을 열고 말했다.

"당신네 주인을 우리 집에 초대합니다."

송아지가 고양이를 깨웠다.

"곰이 너를 초대한대."

고양이는 일어나서 옷을 입고 조용히 나갔다.

고양이가 도착했다. 그런데 곰은 고양이가 무서워서 나무 위로 기어 올라갔다.

고양이는 사슴을 먹기 시작했다. 먹으면서 야옹야옹했다.

"야옹! 야옹!"

곰이 늑대오소리에게 물었다.

"너는 러시아어를 잘 알잖아. 그가 무슨 말을 하는지 알겠어?"

늑대오소리가 대답했다.

"'적다, 적어!'라고 하는 거예요."

"내가 전에 말했잖아. 사슴 두 마리는 더 잡아야 한다고. 이제 그가 우리까지 먹어 치우겠군."

고양이가 일어났다. 곰은 너무 놀라서 나무 꼭대기에서 나뭇가지로 곧장 곤두박질쳤다. 나뭇가지는 곰을 찔렀고 곰은 죽어 버렸다.

늑대와 늑대오소리는 숲으로 도망쳤고 지금까지도 숲에서 헤매 다니고 있다.

쥐와 사슴

쥐가 초원을 뛰어다니면서 싱싱하고 즙이 많은 풀을 먹고 있었다. 갑자기 바람이 불고 비가 내려서 온통 젖은 쥐는 풀 속에 숨었다. 뿔이 많은 커다란 사슴이 깨끗한 풀을 먹으러 숲에서 나왔다. 초원을 돌아다니고 돌아다니다가 풀을 뜯었고 우연히 풀과 함께 쥐도 삼켜 버렸다.

사슴의 배 속에 앉아서 쥐가 말했다.

"칼을 갈고 갈아서 사슴의 목을 자르고 밖으로 나가야지."

"내 목을 자르지 마. 내 입을 통해 밖으로 나가."

사슴이 말했다.

"네 입은 침투성이잖아."

쥐가 대답했다. 그리고 또다시 소리치기 시작했다.

"칼을 갈고 갈아서 사슴 목을 자르고 밖으로 나가야지."

"내 목을 자르지 마. 내 코를 통해서 나가."

사슴이 부탁했다.

"아니야, 네 코는 축축하잖아."

그리고 쥐는 더 크게 소리치기 시작했다.

"칼을 갈고 갈아서 사슴 목을 자르고 밖으로 나가야지."

"자르지 마. 내 귓구멍을 통해서 나가!"

사슴이 애원했다.

"아니야, 네 귓구멍에는 귀지가 있잖아!"

그리고 쥐는 더 크게 소리치기 시작했다.

"칼을 갈고 갈아서 사슴 목을 자르고 밖으로 나가야지."

그렇게 목을 자르고 밖으로 나와서 사슴의 가죽을 벗겼다. 사슴 고기로 일곱 창고를 채웠고 일곱 헛간을 채웠다.

이 사슴 고기를 나도, 너도, 먹어 보았을지도 모른다.

쥐

쥐가 살고 있었다. 봄이 왔다. 쥐는 섬으로 가서 연어를 잡을 생각을 했다. 배 대신에 호두 껍데기를 가져왔고 노 대신에 길쭉한 회색 가래를 가져왔다.

배를 저어 가면서 노래를 불렀다.

"호두 껍데기가 내 배라네. 텔, 텔, 텔. 가래가 내 노라네. 폴, 폴, 폴."

한 마을의 사내애들이 강변에서 소리쳤다.

"에이, 굴속 쥐야, 맛난 거 먹으러 이리 와!"

"어떤 음식인데."

"생선이 든 거야."

"아니야, 생선 든 건 안 먹어."

그리고 또다시 계속 노를 저어 가면서 노래했다.

"호두 껍데기가 내 배라네. 텔, 텔, 텔. 가래가 내 노라네. 폴, 폴, 폴."

그리고 또다시 한 마을의 아이들이 강변에서 소리쳤다.

"에이 굴속 쥐야, 맛난 거 먹으러 이리 와 정박해."

"어떤 음식인데?"

"오리 고기가 든 거야!"

"아니야, 오리 고기가 든 것은 안 먹을 거야."

그리고 또다시 계속 가면서 노래를 불렀다.

"호두 껍데기가 내 배라네. 텔, 텔, 텔. 가래가 내 노라네. 폴, 폴, 폴."

얼마간 가다가 또다시 한 마을의 아이들이 소리쳤다.

"에이, 굴속 쥐야, 알이 든 음식을 먹으러 정박해."

"어떤 알인데?"

"철갑상어 알이야."

"냠, 냠, 냠, 냠. 내 아버지들의 음식인 철갑상어 알이 든 음식을 먹으러 가세, 가세."

강변에 정박했더니 아이들이 쥐에게 철갑상어 알이 든 음식을 차려 주었다. 그리고 쥐는 음식을 먹기 시작했다. 먹고 먹고 먹고 또 먹었고 배가 불룩해졌다. 이때 아이들이 거리에서 소리치기 시작했다.

"쥐야, 굴속 쥐야, 네 노와 배가 물에 쓸려 내려갔어."

쥐는 벌떡 일어나서 강변으로 뛰어가다가 걸려 넘어졌고 개구멍에 떨어져서 배가 터져 버렸다.

쥐가 소리쳤다.

"아가씨들, 아가씨들, 힘줄과 바늘을 가져오세요, 초 칠한 굵은 실과 바늘을 가져오세요. 내 배가 터졌어요!"

아가씨들이 재빨리 뛰어와서 굴속 쥐의 배를 초 칠한 굵은 실과 힘줄로 꿰맸다. 굴속 쥐는 비틀거리면서 자신의 가래로 대신한 노가 있는 호두 껍데기 배로 가서 앉았고 침울해져서 계속 갔지만 노래조차 잊어버렸다. 다만 배만 노래했다. 텔, 텔, 텔. 노만 노래했다. 폴, 폴, 폴.

세 며느리

말라야 소시바[128]에 노부부가 살았다. 그들에게는 아들이 하나 있었다. 말라야 소시바에 사는 모든 사람은 붉고 검은 짐승을 사냥했다. 소년은 자랐고 그도 사냥을 하기 시작했다.

어느 날 그들은 앉아서 점심을 먹고 있었다. 노파가 이야기를 꺼냈다.

"여보, 우리는 늙어 빠졌어요. 우리 아들이 자라서 사냥을 시작하고 숲을 다니고 물을 길으러 다니기 시작했어요. 아들에게 아내를 찾아 주어야 해요."

노인은 말했다.

"여기는 적당한 처자가 없잖아. 우리가 사람이 많이 다니는 길거리에 살고 있고 위로 아래로 지나다니는 사람이 많다는 것을 당신도 알잖소. 좋은 손님이 와도 나쁜 며느리는 음식도 준비하지 않고 마실 것도 예비할 줄 모른단 말이오. 나는 이렇게 생각하오. 세르칼리[129]에 한 상인이 사는데 그

128) 한티만시자치구의 세베르나야 소시바강의 위쪽 지류인 말라야 소시바강과 그 근처 거주 지역을 말한다.

에게 딸이 있소. 그의 딸에게 구혼을 해 봅시다."

"옳아요. 그게 좋겠어요."

노파가 말하고는 그렇게 했다. 세르칼리에 가서 상인의 딸에게 구혼을 해서 결혼했다. 집으로 돌아와서 이럭저럭 살아가고 있었다.

상인의 딸은 음식을 준비하고 마실 것을 준비했다. 얼마 동안 그렇게 살다가 어느 날 점심 후에 노인이 며느리에게 말했다.

"자, 며늘아기야, 상인의 딸아. 나에게 나무 솥을 준비해 주었으면 좋겠구나."

상인의 딸은 생각에 잠겼다. '나무 솥이 무엇일까, 어떻게 만드는 거지?'

노인은 앉아서 기다리다가 말했다.

"며늘아기야, 상인의 딸아, 들리느냐 아니면 안 들리는 거냐? 내게 나무 솥을 준비해 다오."

며느리, 상인의 딸은 말했다.

"제가 나무 솥 만드는 것을 어떻게 알겠어요?"

노인은 화를 내고 벌떡 일어나 말했다.

"아무것도 할 줄 모르는 그런 며느리는 필요 없다!"

---

129) 세르칼리는 한티만시자치구의 옥탸브리스키 지역의 마을이다.

그러고는 상인의 딸, 며느리를 쫓아냈다. 다시 셋이서 살기 시작했다. 얼마 동안 살다가, 어느 날 점심을 먹으려고 앉았다. 점심을 먹으면서 노파가 말했다.

"도대체 언제까지 우리 아들이 그렇게 다녀야 해요? 우리가 빨리 중매를 해서 아들에게 아내를 찾아 주어야겠어요."

노인이 말했다.

"나쁜 며느리를 얻는다면 무슨 소용이 있겠소? 상인의 딸을 들였더니 상인의 딸은 화목하게 지낼 줄도 몰랐잖소. 내 생각에 도시 귀족의 딸을 맞아야만 할 것 같소."

또다시 세르칼리에 가서 귀족 딸과 중매해서 결혼을 시켰다. 집으로 돌아와서 이럭저럭 살았다. 귀족 딸은 음식을 준비하고 마실 것을 예비했다. 얼마간 살다가 어느 날 식사한 후에 노인이 말했다.

"자, 며늘아기야, 귀족집 딸아, 내게 나무 솥을 만들어 주렴."

귀족 딸은 생각에 잠겼다. '어떻게 나무 솥을 만들지?'

노인은 앉아서 기다리다가 말했다.

"며늘아기야, 귀족집 딸아, 내가 너한테 엄하게 말하잖니, 나무 솥을 좀 만들어 주렴."

"제가 나무 솥 만드는 법을 어떻게 알겠어요?"

노인은 벌떡 일어나서 말했다.

"아무것도 할 줄 모르는 그런 며느리는 필요 없다!"

그러고는 귀족의 딸인 며느리를 쫓아냈다. 이후에 얼마 동안 시간이 흘렀고 어느 날 노파는 노인에게 말했다.

"자, 영감, 언제까지 우리 아들을 아내도 없이 살게 할 생각이오? 우리가 죽으면 어떻게 혼자 살아가겠어요?"

노인이 말했다.

"에이, 마누라. 맘대로 해요. 이제 나는 주변에서는 누구를 데려와야 할지 모르겠소. 상인의 딸을 데려왔더니 화목하게 살지도 못했고, 귀족의 딸을 데려왔지만 역시 참을 수가 없었소."

노파가 말했다.

"잘사는 곳에서 며느리를 찾을 필요가 없어요. 여기 우리 고장, 강변, 사냥꾼의 창고 쪽 하류에 고아 처녀가 살아요."

노인이 대답했다.

"당신이 마음에 드는 대로 하시오."

"좋게 살고자 한다면 그렇게 살게 된답니다."

노파는 이렇게 저렇게 생각해 보고 아들을 불렀다.

"아들아, 우리가 다시 너에게 아내를 찾아 줄 궁리를 하고 있단다. 이제는 우리 고장 아가씨를 데려오려고 결심했단다. 창고 쪽 하류에 사는 고아 아가씨가 어떻겠니?"

"어떤 고아 아가씨가 부모님하고 잘 살지는 어머님 아버님이 더 잘 아시잖아요."

어머니는 가서 고아 아가씨를 설득해서 순식간에 결혼식을 올렸다. 잔치를 끝내고 이럭저럭 살았다. 고아 아가씨는 음식을 준비하고 마실 것을 예비했다. 얼마 동안 살다가 노인이 식사를 한 후에 판자침대에 앉아서 말했다.

"자, 며늘아기야, 나무 솥을 내게 만들어 다오."

며느리는 벌떡 일어나서 베개 밑에서 담배가 든 쌈지와 파이프를 가져다가 불을 붙여서 노인에게 가져다 드렸다. 노인은 담배를 피우기 시작했다. 파이프 담배를 다 피운 후에 말했다.

"자, 며늘아기야, 고아야, 항상 그렇게 현명하고 그렇게 영리하거라. 남편과 먹을 음식과 마실 것 떨어지지 않게 하고."

이럭저럭 살기 시작했다. 얼마 동안 살다가 가을이 왔다.

노인이 말했다.

"자, 아들아, 사냥 준비를 해야겠구나."

1주일 혹은 2주일을 준비하였고 마침내 짐을 싣고는 넓은 숲으로 떠났다. 썰매를 끌기 시작했다. 얼마 동안을 운반해서 마침내 사냥용 오두막까지 끌고 갔다.

숲과 강을 돌아다니기 시작했다. 매일 검은 짐승과 붉은 짐승을 가져다 날랐다.

어느 날 그들은 오두막에서 멀리 떨어진 곳에서 사냥을 했다. 노인은 지쳤고 걷기가 힘들었다. 노인이 말했다.

"아들아, 긴 길을 짧게 만들어 다오. 이렇게 피곤한데 언제 오두막까지 가겠니?"

아들은 곰곰이 생각했지만 어떻게 해야 할지 몰랐다. '아마도 나를 때리시겠지.' 그는 이렇게 생각하면서 아무 말 없이 고개를 숙인 채 걸어갔다.

또다시 노인이 말했다.

"아들아, 내가 너한테 엄하게 말하잖니. 긴 길을 짧게 만들어 주렴."

"긴 길을 짧게 만드는 법을 제가 어떻게 알겠어요?"

노인은 화가 나서 아들을 지팡이로 때렸다.

"이런 망할 놈. 그렇게도 우둔하다면 썩 꺼져 버려라."

노인은 화가 나서 중얼거리면서 가 버렸다. 아들은 아파서 인상을 찡그리며 오두막까지 걸어갔다. 이후에 얼마 동안 사냥을 했고 가을이 지나고 그들은 집으로 출발했다.

그들은 집으로 돌아왔다. 오랜 사냥 후에 누워서 쉬고 있었다. 아들은 고아 아내에게 말했다.

"사냥할 때, 아버지가 나한테 긴 길을 짧게 만들어 달라고 했어. 나는 어떻게 해야 할지 몰랐는데 이 때문에 아버지한테 맞았지."

"에이, 여보. 남자로 태어났으면서 그런 사소한 것도 모르세요. 아버님이 당신한테 노래를 불러 달라고 하신 거예요. 길이 짧게 느껴지게요."

얼마 동안 살다가 또 가을이 왔다. 또다시 숲으로 갈 채비를 했다. 준비하고 짐을 챙겨서 썰매에 싣고 끌기 시작했다. 사냥용 오두막에 도착했고 사냥을 하기 시작했다. 검고 붉은 짐승들을 매일 가져다 날랐다.

어느 날 매우 멀리 나오게 되었다. 저녁에 집으로 돌아가기 시작했고, 노인은 너무나 피곤해서 겨우겨우 다리를 질질 끌며 가고 있었다.

노인이 말했다.

"자, 아들아, 긴 길을 짧게 만들어 다오!"

아들은 노래를 부르기 시작했다. 짧은 노래가 끝나면 긴 노래가 시작되고, 긴 노래가 끝나면 짧은 노래를 시작했다. 그렇게 노래를 부르며 웃으면서 농담하면서 아들과 아버지는 어떻게 오두막에 도착했는지도 모르게 왔다. 피곤도, 배고픔도 느끼지 못했다.

먹을 것을 준비했다. 식사를 하면서 아버지가 말했다.

"자, 아들아. 그렇게 살아야 한다. 슬픈 생각이나 음울한 마음이 들면 걸음걸이가 처지는 법이고, 너의 눈은 어느 나무 사이로 가야 할지 보이지 않는 법이다. 음울한 생각을 떨쳐 버리려면 노래를 불러 기분을 즐겁게 해야 한다. 즐거운 노래를 시작하면 시간이 어떻게 흘러가는지도 모르게 되고 어떻게 일이 끝났는지도 모르게 된단다. 좋은 사냥꾼은 항상 노래로 자신을 유쾌하게 만든단다."

소년 이데

이데는 어렸을 때 고아가 되었다. 할머니 임얄 파야가 그를 데려갔다.

이데는 성장했는데도 모든 것을 무서워했다. 할머니한테서 조금도 떨어지려고 하지 않았고 할머니 치맛자락을 붙들고 있었다.

'이데가 모든 것을 무서워하는 버릇을 어떻게 고치지. 낚시도 다녀야 하고 사냥도 해야 하고 용감한 사냥꾼이 되어야 할 텐데'라고 할머니는 생각했다.

한번은 잣이 풍년인 해가 있었다. 할머니가 말했다.

"가자, 이데야, 잣을 주우러 가자!"

"가요, 할머니!"

할머니는 가벼운 통나무배에 타 이데를 앉히고는 총을 올려놓고 배를 밀어 출발했다.

날은 맑았다. 해가 비쳤다. 타이가[130)]는 조용히 살랑거

---

130) 시베리아에서 툰드라의 남쪽에 접한 우랄산맥에서 오호츠크해에 이르는 침엽수 삼림 지대를 가리키는 말이다. 북쪽은 북극해 연안의 툰드라 지대에 접하고, 남한(南限)이 서시베리아, 유라시아 방

리고 있었다. 팀강은 이쪽 모래 기슭 여울에서 저쪽 모래 기슭 여울까지 흘러넘쳤다.

할머니와 이데가 도착해서 강변으로 나갔고, 산으로 올라가고 타이가로 들어갔다. 타이가에서는 새들이 노래하고 있었다. 툭툭거리면서 잣송이에서 잣이 떨어지는 소리가 멀리서 들렸다.

할머니와 이데는 잣을 줍기 시작했다. 잣나무들은 고개를 높게 쳐들고 가지에 잣송이들을 감추었다. 늙은 임얄 파야는 나무망치로 가지를 두드렸고 잣송이가 저절로 떨어졌다.

배 가득 잣을 실어서 집으로 떠날 채비를 했는데 할머니가 잣이 든 자작나무 껍질 바구니 하나를 산에 두고 왔다.

"에이구, 이데야. 바구니를 잊었구나! 빨리 뛰어가서 가져오렴!"

이데는 산으로 뛰어갔다. 보니 바구니가 놓여 있었고 그 옆에 총이 있었다.

이데가 산에서 보니 할머니가 배를 강변에서 떠밀어서

면에서는 체르노좀(흑토) 토양의 북한계선과 거의 일치하고, 동시베리아 방면에서는 남부의 산악 지대까지 뻗어서 넓게는 미국 북서부 · 캐나다 · 알래스카 등의 침엽수림을 포함한다.

떠나고 있었다.

이데는 소리치면서 울기 시작했다.

"왜 저를 두고 가세요? 할머니!"

임얍 파야는 한 번도 돌아보지 않았고 서둘러 노를 저어서 얼마 지나자 배는 완전히 시야에서 사라졌다.

이데는 타이가에 혼자 남게 되었다. 강변을 뛰어다니면서 어디에 숨을지 찾기 시작했다. 찾고 찾다가 나무 구멍 하나를 발견했다. 실꾸리처럼 구부려서 그 안으로 들어갔고 조용히 누워서 총을 몸에 꼭 붙이고 있었다.

해가 지기 시작했고 바람이 불고 비가 내렸다. 타이가는 술렁거렸고 잣송이들이 떨어지며 나무 구멍을 두드렸다. 이데는 무서웠다. '짐승들이 와서 나를 먹어 버릴 거야'라고 생각했다. 무서워서 소리치기 시작했다.

"다 먹어도 되지만, 머리는 건드리지 마라!"

하지만 그 누구도 그를 건드리지 않았다. 다만 툭툭 하는 소리만 주위에 들렸는데 잣송이가 떨어지는 소리였다. 이데는 더 힘주어 총을 몸에 붙였다.

그렇게 무서워했지만 결국 잠이 들었다. 자고 자다가 깼다. 쳐다보니 날이 환해졌고 태양은 높게 떠 있고 새들은 노래했다. 타이가는 조용히 살랑거렸다. 이데는 자신을 더듬어 보았다. 멀쩡한가? 왼손을 뻗어 보았다. 손이 거기 있었다. 오른손을 뻗어 보았다. 손이 거기 있었다.

이데는 나무 구멍에서 뛰어나왔고 다리로 서 보았다. 보니 주위가 온통 잣송이였다. 와! 잣송이가 이렇게 많다니!

이데는 잣송이를 줍기 시작했고 무서움은 잊어버렸다. 무서워할 사람이 없었다!

이데는 잣송이를 한 무더기 줍고는 강변을 보았다. 할머니가 와 있는 것이 보였다. 이데는 할머니에게 손을 흔들면서 소리쳤다.

"왜 저를 혼자 남겨 두셨어요?"

"화내지 마라, 이데야. 너는 이제 어엿한 한 사람이야. 어느 누구도 너를 어떻게 할 수 없어. 사람은 어디서나 주인이란다. 이제 너는 아무것도 무서워하지 않을 거야!"

이데는 '할머니가 옳아. 무서워하면 안 돼'라고 생각했다.

이데와 할머니는 화해했다. 또다시 그들은 잣을 줍기 시작했고 배 한가득 싣고 집으로 출발했다.

팀강은 모래 기슭에서 모래 기슭으로 흘러갔다. 해는 높게 비치고 있었다. 타이가는 조용히 살랑거렸다.

좋구나!

그때부터 이데는 무서워하지 않았다. 어디든 원하는 곳으로 혼자서 갔다.

그렇게 할머니는 손자의 무서워하는 버릇을 고쳤다.

슌카이 이키칸

슌크는 해고 야키는 달(노인)이다. 노인이 며느리에게 가서 말했다.

"내게 여우 털외투를 지어 주렴."

그리고 또 늑대, 토끼, 족제비로 털외투를 지어 달라고 부탁했다. 며느리는 이 가죽들을 붙여서[131] 노인에게 주었다. 노인은 이 외투를 입고 산에서 산으로 굴러다니기 시작했다. 외투는 네 번째 구르자 찢어졌다. 모든 가죽이 동물이 되어 사방으로 도망쳤다. 노인은 벌거벗은 채 며느리에게 와서 욕을 했다.

"네 아비한테 전쟁을 하러 가겠다."

그는 용사들을 소집했다. 며느리는 갈고리를 가져다가 해와 달을 걸어서 들어 올려 궤짝에 숨겼다. 노인이 전쟁에 나가기에는 어두웠다. 노인은 며칠을 먹지도 마시지도 못하고 며느리에게 갔다.

---

131) 옵스크 우그르족에게는 여러 가지를 혼합해서 만든 옷이 넓게 보급되어 있었고 가죽을 붙이는 것도 자주 언급된다. 이런 일상적 현실은 동물 창조 모티브 도입을 위해 독특하게 이용된다.

"해를 놓아주렴. 나는 먹고 마셔야만 하잖아."

며느리가 말했다.

"아버님이 우리 아버지한테 전쟁하러 가신다고 하셨잖아요."

"싸우지 않겠다."

그러자 며느리는 해와 달을 놓아주었다. 노인은 싸우러 가지 않았다.

치펜 쿠

아히스 야호족이 도착했다. 한 사내가 아내와 함께 살았는데 그는 마법사 치펜 쿠[132]였다. 아히스 야호족이 숨어들었고 그들은 일곱 명이었다. 모두가 서서 웅성거리고 있었다. 쳐다보니 바닥에 눈이 보였다. 그들은 두려워했다.

"뱀을 치워라!"

치펜 쿠는 말했다.

"당신들은 싸우러 온 것 아닙니까."

"우리는 싸우러 온 것이 아니고 호의를 베풀러 왔습니다."

모두가 사라졌다. 또다시 보니 두 마리 백조가 나왔다.

"어떻게 이렇게? 그들을 치워라!"

백조들이 그들에게 더 가까이 다가왔다. 노인은 말했다.

"당신들은 싸우러 온 것 아닙니까."

아히스 야호족은 놀랐다. 백조들은 사라졌다. 다시 보니 두 마리 곰이 나왔다. 아히스 야호 중에서 우두머리가 말했다.

---

132) 한티족에서 마법사나 주술사를 일컫는 말이다.

"황소 두 마리[133]가 끄는 썰매로 내게 오시오. 가죽옷, 윗도리, 바지 무슨 옷이든 지을 수 있어요. 우리한테 오시오."

"당신들은 싸우러 온 것이 아닙니까."

"아니에요."

"만약 당신이 살고 싶다면 되돌아가시오. 또 한 명의 마법사는 나보다 더 강하오."

아히스 야흐족은 애원했다. 할아버지를 데려갔다. 다음 날 아침 몰래 들어와서 윗도리, 바지, 가죽옷 등을 입었다가 모든 것을 놓아두고 되돌아갔다. 두려워했던 것이다.

---

133) 사슴 두 마리를 황소라고 표현한 것이다.

해 설

한티인 설화

이 책에는 서른한 편의 한티족 설화가 실려 있다. 신화로 분류할 수 있는 설화는 <세계 창조>, <도요새가 대지를 얻은 이야기>, <악마와 신>이며, 세 편 모두 창조 신화에 속해 한티인의 세계관을 엿볼 수 있다. <세계 창조>에서는 천신 토룸이 흙으로 남자와 여자를 만들고 먹어서는 안 될 음식을 말해 준다. 그러나 인간들은 악마 쿨의 유혹에 넘어가 금지된 음식을 먹었고 그 벌로 땅 위에 남게 되었다는 이야기다. 이 신화는 기독교 성경의 '아담과 하와' 이야기와 아주 유사하다. 또한 땅이 생겨난 유래를 설명하는 <도요새가 대지를 얻은 이야기>도 흥미로운 점이 많다. 가장 작은 새의 일종인 도요새가 땅을 들어 올린다는 이야기는 한티인의 신화적 상상력을 가늠해 볼 수 있게 한다. <악마와 신>은 창조주가 악마에게 속아 해와 달을 빼앗기지만 신의 아들이 기지를 발휘해서 악마에게 다시 해와 달을 찾아온다는 이야기다.

전설로 분류할 수 있는 설화는 열두 편이다. <황금빛 머리칼의 황제>에서 황금빛 머리칼의 오스탸크 황제 사르냔크 압타프 카이타흐 칸은 아내의 배신으로 죽임을 당한다. 이후 용사의 머리를 받은 나기 칸이 군사들을 처형하고 그곳에서 싸우지 않겠다고 맹세하면서 그 강 이름을 '군대가 맹세한 강'이라고 불렀다. <용사와 연락병>은 바슈간강 유역의 한티족 선조가 비옌 안칼라 페이라는 곳에서 셀쿠프족 용사와 싸운 전설을 이야기한다. <용사들의 전투>도 유래 전설로서 바슈간강에서 옛날에 살았던 두 용사의 싸움으로 인해 여러 지역이 생긴 이야기를 전한다. 뉴롤족의 용사가 칼가나크로 가서 그 마을을 포위했고 바슈간강을 따라 위로 올라가서 칼가나크 용사를 죽이려 했지만 칼가나크 용사가 형의 도움으로 뉴롤 용사를 죽였다고 한다. <추가스 가족>은 노부모가 죽고 장남에게 유산으로 도끼를 남겼는데, 장남은 도끼를 던져 산을 갈라 놓았고 후손들은 볼쇼이(커다란) 추가스, 말리(작은) 추가스, 스레드니(중앙) 추가스에서도 살게 되었다는 내용이다. <파스테르족의 발생>은 사냥에서 파스테르족 사람들이 사슴을 맞닥뜨렸고 사슴을 뒤쫓기 시작했는데, 날개가 있는 사람은 멀리 사슴을 쫓아갔어도 고향으로 돌아갔지만, 다리밖에 없는 사람은 사슴을 뒤쫓아 갔다가 돌아오지 못하고 그곳에 정착했고 파스테르 부족의 선조가 되었다는 내용이다. <라흐 야흐족 이야기>는 라흐 야흐 민족의 두 용사가 독수리 금 깃털을 가지고 싸우다가 한 용사는 바트 푸콜 도시에 남고 다른 용사는 다른 강으로 갔는데, 이 민족을 바트 야흐, 즉 도시에서 온 민족이라고 부르기 시작했다는 이야기다. <성스러운 봉우리들이 생겨난 이야기>는 노파가 가장 역할을 하던 어떤 가족이 오비강을 따라 바슈간강으로 가면서 공물로 아들과 딸들을 바쳤는데 그곳이 성스러운 봉우리들이 되었으며, 이후 그 봉우리들에 사람들이 제물을 바치고 공물을 바치게 되었다는 전설이다. <성(姓)의 발생>에서는 레트네 키옙스코예 마을 근처 얄 벨렘 파이라고 하는 곳에 용사, 아들, 며느리가 살고 있었는데, 적들이 침략해 와서 아들은 죽고 용사 노인과 며느리만 남자 그 둘은 같이 살았다. 이들이 아들 셋을 낳았고, 그들의 성이 칼린, 미쿠민, 바시킨이 되었다는 이야기다. <아간강으로의 이주>는 아간강에 어떻게 사람들이 살게 되었는가를 보여 준다. 작품에 따르면, 카짐에 남편과 아내가 살았다. 그들은 딸이 죽자 장사 지내고는 묘지에서 불을 끄는 것을 잊었다. 그러자 밤에 묘지 전체가 불타 버렸고 법에 따라 재판을 받아야 했던 그들은 벌을 받을까 무서워 아간으로 도망쳤다. 이후 아간강에 사람들이 살게 되었다. <태양의 딸과 달>은 달의 기원에 관한 전설이다. 노부부에게 딸과 아들이 있었다. 그들은 아들보다 딸을 훨씬 더 사랑했다. 부모의 편애 때문에 아들은 집을 떠나 태양의 딸과 결혼했다. 누이가 오빠를 잡아먹으려 뒤쫓아 와서 그의 심장을 붙잡아 빼 버리자 그의 심장이 없어졌다. 그런데 태양의 딸이 그를 구해 주었고 노부부의 아들은 그 후로 살아났다 죽었다 하는 달이 되었다고 한다. <달의 기원>은 유물 전설이다. 내용을 정리하면, 한 농부가 집을 나와 길을 가다가 오두막에 살던 여자와 결혼했다. 그런데 그는 자신의 집이 너무 그리웠다. 결국 자신의 집을 찾아갔다. 그리고 돌아오는 길에 두 번째 아내를 얻었다. 또 집에 다니러 갔다가 돌아오는 길에 세 번째 아내를 얻는다. 그는 세 아내에게 몸이 찢겨 두 동강이 났고 그 반쪽 몸이 달이 되었다. <태양과 달의 사람들 이야기>는 아이들이 달이 떠오르는 밤에 물을 길으러 나갔다가 집의 문지방에 닿기도 전에 자기 자랑을 늘어놓는 바람에 달이 아이들을 데려갔다고 이야기한다. 밤에 아이들이 나다니면 안 되는 이유를 밝히고 있다. 이렇듯 한티족의 유래 전설은 각 민족이 어떻게 생겨났는가, 강과 바위 등은 어떻게 만들어졌는가, 그리고 언제부터 어떤 연유로 사람들이 그곳에 살게 되었는가, 그뿐만 아니라 사람들은 어떻게 살아야 하고 아이들은 어떻게 키워야 하는가를 말한다. 나아가 한티족의 삶에 지대한 영향을 미

치는 달과 해가 어떻게 만들어졌고, 그 특징은 무엇인가 등을 설명해 준다.

민담은 편의상 영웅담과 일상담, 동물담 등으로 분류된다. 여기서 소개하는 한티족 영웅담은 아홉 편으로, <알발리와 셉시 이키>, <람파스크 노인과 손자>, <활개 치는 팔을 가진 사내와 타파르 여자의 아들들>, <손 후슈 도시의 용사들>, <선조 용사 이야기>, <아히스 야흐족과의 싸움>, <아버지에 대한 복수>, <이미 히티>, <이미 히티와 보신 우르트>다. <알발리와 셉시 이키>는 크게 두 가지 내용을 중심으로 이야기가 전개된다. 하나는 알발리의 복수다. 알발리는 식인 거인 셉시 이키에게 붙잡히지만, 딸을 이용해서 셉시 이키를 죽여 아버지와 할아버지의 원수를 갚는다. 다른 하나는 모기의 기원을 다루는 동물 유래담과 유사한 내용이다. 알발리는 셉시 이키를 죽인 다음 그의 사체와 그가 살던 오두막을 태웠는데 그 재가 모기가 되었고 그 후부터 모기는 사람의 피를 빨아먹게 되었다. <람파스크 노인과 손자>는 응보 설화의 일종이다. 람파스크에게는 아들이 일곱 있었는데, 그들 모두는 돌눈의 용사들에게 붙잡혀 처참하게 죽임을 당한다. 이후 손자가 자라서 원수를 찾아 나선다. 그는 부모의 원수를 갚고 그들의 재산을 빼앗고 원수의 누이를 데리고 와서 결혼한다. <활개 치는 팔을

가진 사내와 타파르 여자의 아들들>은 구복 여행 설화다. 어떤 도시에 부엉이로 변신한 약혼녀가 찾아와서 자신을 사모예드족에게 강제로 결혼시키려 한다며 원정을 와 줄 것을 부탁하자 용사들이 무장하고 결혼 원정을 떠나서 재물과 아내를 얻어 돌아온다는 내용이다. <손 후슈 도시의 용사들>도 구복 여행 설화의 일종으로 결혼 원정을 다루고 있다. 손 후슈의 용사들이 모든 준비를 갖추고 결혼을 위해 원정을 떠나는 준비 과정과 출발하는 장면을 자세히 묘사한다. <선조 용사 이야기>는 알렉산드롭스코예와 크리보루츠코예 지역에서 사모예드족인 예르간과 한티족 용사들이 싸운 이야기를 다루고 있다. <아히스 야흐족과의 싸움>은 아간족과 아히스 야흐족의 전투 이야기다. 아히스 야흐족에게는 정탐꾼이 두 명 있었다. 그들은 아간에 정탐하러 갔다. 아간에는 힘이 센 두 형제가 살았다. 형 랍 이키와 동생 랍 이키 모니의 힘은 놀라울 정도였다. 정탐꾼로부터 아간족의 두 형제 이야기를 들은 아히스 야흐족은 아간족과 전쟁을 하기 두려웠다. 그러다 시간이 흘러 아히스 야흐족이 아간족을 침략했다. 그러나 아히스 야흐족의 군대는 한 소녀만을 빼고 모두 사망했다. 그 뒤로 아히스 야흐족은 아간족을 침략하지 않는다. <아버지에 대한 복수>는 아히스 야흐족과 싸운 이야기다. 용감한 두 형제는 아버지의 복수를 위해 다섯 형제를 만나 도시로 쳐들어가서 도시인을 전멸시킨다. 그리고 돌아오는 길에 노인을 만나지만 그 노인이 도망하게 내버려둔다. 그러나 얼마 후 그 노인은 군대를 몰고 와서 다섯 형제를 죽인다. 두 형제는 도망친다. <이미 히티>에서 이미 히티는 사냥을 나갔다가 괴물 멘크 포슈흐를 만나지만 그의 혀를 자르고 지혜롭게 그에게서 벗어난다. 멘크 포슈흐의 가족은 멘크 포슈흐의 혀를 붙여 준 이미 히티에게 미녀 아내를 주었고, 이미 히티는 집으로 돌아와 마을 잔치를 벌인다는 이야기다. <이미 히티와 보신 우르트> 역시 이미 히티의 지혜로움을 서술한다. 할머니와 살고 있던 이미 히티는 도시의 보신 우르트의 딸에게 장가가기 위해 길을 떠났다. 도중에 날아다니는 거인 퉁흐의 새끼들을 구해 준다. 도시에 도착하여 보신 우르트에게 딸을 달라고 하자 보신 우르트는 여러 가지 과제를 낸다. 하지만 퉁흐의 도움으로 이미 히티는 모두 해결하고 결혼하게 된다. 앞서 살펴보았듯이, 이런 류의 작품들은 주로 주인공이 여행을 떠나 복을 얻고 신부를 데려온다는 구복 여행 설화의 일종이거나 아버지나 집안의 복수를 하는 응보 설화, 우리나라의 강감찬 설화류의 영웅 이야기가 주를 이룬다.

동물담은 세 편이다. <수고양이>, <쥐와 사슴>, <쥐>인데, 동물의 어리석음을 풍자하는 내용이거나 인간을 도와 난제를 해결하는 응보 설화다. 일상담은 세 편으로 지혜로운 며느리를 얻는 과정을 담은 <세 며느리>, 손자의 용기를 키워 주기 위해 할머니가 꾀를 내어 결국 용기를 얻은 소년 이야기 <소년 이데>, 며느리의 지혜를 칭송하는 내용의 <슌카이 이키칸>, 이렇게 세 편이 여기에 소개되었다. <치펜 쿠>는 마법담에 속하기도 하고 영웅담에 속하기도 하는 변신 이야기로, 마법사 치펜 쿠의 도움으로 적을 물리친다는 이야기다.

한티인은 누구인가

한티(Ханты)인은 서시베리아의 토착 소수민족 중 하나로, 과거에는 주로 한티-만시(Ханты-Мансийский) 자치구와 야말로-네네츠(Ямало-Ненецк ий) 자치구(автономный округ)에 거주했다. 한티인의 옛 명칭은 '오스탸크'이며 14세기 러시아 문헌에 처음으로 등장한다. 주로 오브강과 이르티시강, 그리고 그 지류를 따라 거주했다. 한티인은 스스로를 '한티', '한데'(Хандэ), '한테'(Хантэ) 또는 '칸테크'라고 칭하는데, 이 명칭들은 모두 '사람'을 뜻한다.

한티인은 전통적으로 어로와 사냥을 주업으로 했다. 동

물을 사냥하여 얻은 모피나 가죽 등으로 다른 민족들과 무역을 했으며, 이 외에도 북쪽에서는 순록 사육을 했고 남쪽 지역에서는 가축 사육을 했다.

한티인의 신체 특징으로는 작은 키(남성 평균이 160센티미터 이하), 작은 체구, 크지 않은 머리, 검거나 아마 빛의 직모, 검은 눈, 턱수염이 많지 않고 상대적으로 큰 입, 두껍지 않은 입술, 중간 정도 돌출되거나 넓지 않은 턱 등을 꼽을 수 있다.

한티어(고어로는 오스탸크어)는 만시어, 헝가리어와 함께 우랄어족의 옵스크-우그르군에 속한다. 한티어에는 13개 방언이 존재하며, 한티인의 38.5퍼센트는 러시아어를 모국어로 간주한다. 북쪽 한티인들은 네네츠어와 코미어도 자유로이 구사한다.

1930년대에 문자가 창제되었는데, 처음에는 라틴 문자를 기반으로 했다가 1937년에 러시아어 알파벳을 기초로 하여 제정되었다. 2010년 기준으로 러시아연방에 거주하는 한티인은 30,943명으로 집계되었다. 현재 한티인은 만시인과 함께 새로이 구성된 '한티-만시 자치구-유그라(Ханты-Мансийский автономный округ-Югра)'에서 주로 거주하고 있다.

한티인의 전통 음식

한티인은 예로부터 생선을 주로 먹었다. 신선한 생선을 날것으로 먹었으며 겨울에 추울 때는 냉동된 채로 먹기도 했다. 또한 저장용으로 염장하거나 훈제한 형태로 요리하거나 그냥 먹기도 했다. 생선은 거의 완벽하게 활용했는데, 식재료로 사용되지 않는 부위는 접착제나 기름, 가정에서 쓰는 도구 등으로 활용하여 '생선은 버릴 것이 없다'라는 말이 있을 정도다. 생선 대가리는 말려서 다양한 식재료로 활용했으며 생선 껍질은 의류를 만들거나 신발에 사용했고, 생선 뼈는 바늘이나 여러 도구를 만드는 데 사용했다.

한티인은 생선 이외에 순록이나 사슴 고기도 먹었으며, 사냥으로 얻은 토끼, 다람쥐, 너구리, 오리, 거위 등도 축제 때나 여러 행사에서 다양하게 요리하여 먹었다. 또한 한티인은 전통적으로 다양한 방법으로 담배를 피웠는데, 입으로 담배 연기를 흡입해서 코로 내뿜는 일반적 방법 외에 담배를 씹거나 코로 담배 냄새를 맡기도 했다.

한티인의 전통 의상

북쪽 지역에 사는 한티인은 주로 순록 가죽으로 옷을 지어 입었으며, 남쪽에 사는 한티인은 직물을 혼합한 혼합 모피를 사용하여 옷을 해 입었다. 직물은 주로 쐐기풀이나 삼이나 대마 종류 등으로 만들었으며, 생선의 껍질도 활용했다. 한티인의 전통 의상은, 여성은 치마 위에, 남성은 바지 위에 같은 유형의 긴 겉옷이나 외투를 입는 것이 특징적이다.

북쪽 한티인의 의상은 거의 네네츠인에 가까워서 여성들은 순록 모피로 지은 외투를 입었고 나사로 지은 겉옷을 입었으며, 남성은 모자가 달린 겉옷이나 외투를 입었다. 동쪽 한티인은 긴 옷에 모피 외투나 나사로 된 장옷 스타일의 겉옷을 입었다. 신발은 다양한 길이와 마름의 모피 신발이나 가죽 신발을 주로 신었다.

여성들은 구슬, 금속 고리나 조각 등으로 만든 다양한 장식품을 선호하여 의류에 붙여 장식했다. 또 목걸이, 귀걸이, 반지 등 장신구를 하고 다녔다. 남녀 모두 머리를 땋고 다녔으며 가발로 덧붙이거나 여러 장식을 했다. 몸에는 문신을 했다.

한티인의 전통 주거 형태

한티인은 순록 사육이나 사냥을 하며 살았기에 다른 유목 민족들처럼 이동식 주거 형태에서 주로 거주했다. 그래서 피라미드형이나 원추형의 구조물을 세워 주거용으로 사용했으며 통나무 구조물을 만들고 천막으로 지붕을 씌운 형태의 움막도 이용했다. 또 겨울에는 마을을 이루어 살다가 봄부터 가을까지는 물고기가 많이 잡히는 강을 따라 이동하거나 사냥하기 좋은 곳으로 이동했기에 가을과 여름용 주거 형태가 다를 수밖에 없었다. 사냥을 위해서는 숲에 오두막을 지어 놓고 겨울 사냥을 할 때 머물기도 했다. 여름철 사냥이나 어로를 위해서는 이동식 주거 '춤'을 지어 머물렀다.

한티인의 전통 신앙과 구전 문학

17~18세기에 정교 신앙이 전파되었지만 한티인의 문화나 정신세계에는 전통 신앙과 전통 예식의 흔적이 많이 남아 있다. 한티인은 영혼의 존재를 믿었으며, 세계가 세 개 차원(천상, 지상, 지하의 세계)으로 구성되어 있고 인간의 영혼이 여러 개라고 생각했으며 동물을 숭배했다. 동물들 중

에서도 특히 곰을 숭배했는데, 이런 곰 숭배 사상은 곰 축제에도 잘 드러난다. 이 축제 기간에는 곰에 관한 특별한 이야기나 신화를 구연하고, 곰 노래를 부르고 춤을 추었으며 가면을 쓰고 막간극을 공연했다.

한티인의 구전문학에는 설화, 민담, 신화, 영웅 서사시, 의식 노래와 서정 가요 등이 풍부하게 보존되어 있다. 예르마크, 이미-히티 이야기, 쥐나 사슴, 고양이 이야기, 소년 이데 등의 설화는 아이들에게 꼭 들려주는 이야기였다. 또 한티인의 전통에는 신부 납치와 중매, 형사취수(兄死娶嫂)의 풍습이 있었는데 이런 풍습을 반영하는 여러 설화가 존재한다.

한국인의 '단군 신화'에 곰이 등장하듯이 한티인은 곰 숭배 문화를 가지고 있으며 아직까지도 전통 문화와 민간 신앙을 보존하고 있다. 그런 한티인의 정신문화와 세계관이 잘 나타난 한티인의 설화를 통해서 한국 독자들이 시베리아 소수민족의 삶과 역사를 이해하는 계기가 되는 데 이 책이 작은 도움이 되길 기대해 본다.

옮 긴 이 에 대 해

안동진은 한국외국어대학교 노어과와 동 대학원을 졸업했으며, 이반 투르게네프에 대한 논문으로 박사학위를 받았다. 논문으로는 <이반 촌킨, 그 뒤섞인 세계> 등이 있으며, 역서로는 ≪체호프 아동 소설선≫(2014), ≪돌간인 이야기≫(2017), ≪아이누인 이야기≫(2018) 등이 있다. 현재 학생들과 글 쓰는 방법을 함께 공유하고 있으며, 러시아와 캅카스 소수민족의 삶과 문화에 대한 글을 발표하고 있다.

한티인 이야기

작자 미상
옮긴이 안동진
펴낸이 박영률

초판 1쇄 펴낸날 2019년 8월 25일

지식을만드는지식
02880 서울시 성북구 성북로 5-11 (성북동1가 35-38)
전화 (02) 7474 001, 팩스 (02) 736 5047
출판등록 2007년 8월 17일 제313-2007-000166호
전자우편 zmanz@commbooks.com
홈페이지 www.commbooks.com

ZMANZ
5-11, Seongbuk-ro, Seongbuk-gu, Seoul, 02880, KOREA
phone 82 2 7474 001, fax 82 2 736 5047
e-mail zmanz@commbooks.com
homepage www.commbooks.com

ISBN 979-11-288-3170-6
979-11-288-3171-3(큰글씨책)
979-11-288-3172-0(PDF 전자책)
책값은 뒤표지에 있습니다.